とちぎの石造物

塙 静夫［文・写真］

随想舎

はじめに

　これまで「考古学」一途に歩んできた私は、県内に散在する野仏をはじめとした石造物を調べ、これらを整理してみようとは、寸分考えてもみなかった。

　ところが平成31年（2019）3月から令和元年（2019）6月にかけた3カ月間、良からぬ病で手術入院し、病床に臥していたとき、考古学・歴史学・民俗学などに長けた医師の長嶋元重さん（1925〜1997）のことが脳裏に浮かんだ。そして長嶋さんが、ある時ひょんなことから、「地下に埋もれた土器・石器も面白いが、地上の彼方此方に山ほど多い野仏などを、見て歩くのも捨てたものではないよ」といったことを思い出した。

　退院して1年半くらい過ぎたころ、何と新型コロナウイルスの感染が国内全域に広がり、「三密」を避けての生活を余儀なくされた。そこで人との接触を避けて、県内を歩き回るには、先述した長嶋さんの一言を思い出し、「石造物」について全く無知な素人（私）だが、野仏などを見て歩く決断をした。まさに「無一文での旅」同然の独り歩きであった。

　そして勝手気儘に見て歩いて驚いたのは、永い間、風雪雨霧などに耐えながら今に至った野仏に苔が生じ、加えて摩耗して像容が崩れ、さらに造立年などが摩滅して判読できないものが余りに多いことだった。

　これらを言い訳にして、編んだものが拙著『とちぎの石造物』である。読者諸賢が「こんな内容なら、私が調べ歩いて一本にしてみたい」というお気持ちになって、ご執筆なされる方が多く現れることを待ち望んで止まない。

　なお、大項目・小項目の①②などは、散策の便宜を考え、おおよそ県北から県南に向けての市町別に配列したもので、年代の新旧や形状の違いなどによるものでないこと、また本書掲載の情報は、令和4年（2022）3月現在のものであることをここに断っておきたい。

1

とちぎの石造物　目次

V 「供養塔」・「墓塔(標)」など ──────── 113

(一) 層 塔 ──────── 114

(二) 宝 塔 ──────── 119

Ⅶ 多種多様な「庚申塔」

I

岩壁に浮彫・線彫した「磨崖仏」

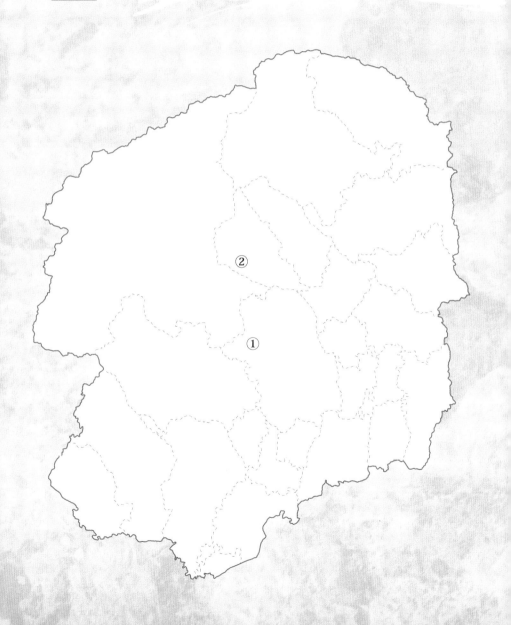

露呈した岩山や洞窟（洞穴）などの岩壁に直接浮彫・線彫された石仏を、磨崖仏という。磨崖石仏ともいわれる。大陸（中国の唐、朝鮮の新羅）の影響を受けて彫像された石仏であるので、ほかの石造物の中では先行した形で現れ、彫像の流れも早く姿を消し、しかもその数は決して多くはない。

わが国では奈良時代半ば以降から作例が見られる。これは山岳信仰を中心とした密教の影響が強いためであろう。仏教文化の地方への浸透によって、磨崖仏が最も盛んであったのは平安時代で、この時代に北は東北地方から南は九州地方まで広がり、磨崖仏彫像の全盛期を迎えた。

こうした流れの中で、都からはるか離れた僻遠の下野国の地にも、大谷磨崖仏（宇都宮市）や佐貫石仏（塩谷町）が彫像された。磨崖仏は字義通り、単なる素材として石材を用いるのではなく、大自然の一隅にノミ（鑿）を入れ、生きたままの石を使って彫像されるので、木彫仏とは異なって、どこにでも彫像されるものではない。大谷磨崖仏のように彫像に適した石材（通称「大谷石」＝緑色凝灰岩）が、容易に得られていたということも、見逃すことのできない要素の一つといえよう。

① 浮彫の 大谷磨崖仏
宇都宮市大谷町

宇都宮市街から県道70号（宇都宮今市線。通称「大谷街道」）を西進して「大谷」信号で右折し、県道188号（大谷観音線）を0.9kmほど進めば、左側に坂東三十三観音の第19番札所の大谷寺（天台宗）がある。

寺伝によれば、大谷寺は弘法大師（空海）の開山というが、大師でないにしても、奈良時代末期から平安時代初めには、日光男体山を開いた勝道上人が活躍した時期であるので、弘法大師開山という伝承も、下野仏教界の新たな動きの中で検討すべきものがあろう。それは大谷磨崖

洞穴寺院の大谷寺本堂

仏（国特別史跡・国重文）の中の千手観音菩薩立像が彫られた時期と一致するからである。

　大谷寺は、南西に向けて上方から大きく覆いかぶさる半球形状の凝灰岩洞穴内（岩窟内）に、観音堂・脇堂をもつ珍しい洞穴寺院である。本尊の千手観音菩薩立像（通称、大谷観音）は、正面（東）の第一龕内に西を向いて彫像され、これとカギ（鉤）の手に接する脇堂の向かって右から第二、三、四の三つの龕がうがたれ、伝釈迦三尊像、伝薬師三尊像、伝阿弥陀三尊像が彫像されている。

　千手観音菩薩立像は、総高3.98mの半肉彫された七頭身に近い均整のとれた見事なみ仏で、寺伝では平安時代初期の磨崖仏といわれているが、北口英雄氏は、細部にわたって制作技法を精査され、奈良時代末期の彫像とされている（「大谷・佐貫の磨崖仏」）。

　観音堂から脇堂に入ってすぐ右手に第二龕の伝釈迦三尊像（総高3.58

第一龕の千手観音菩薩立像

第二龕の伝釈迦三尊像

第三龕の伝薬師三尊像

第四龕の伝阿弥陀三尊像

m）がある。この龕はもっとも前傾が強いので、上方はかなり肉厚に彫られ、下方にいたるに従って薄くなり、本尊よりは薄手の浮彫である。

　第三龕は二龕と四龕の間の下方に彫られた伝薬師三尊像（総高1.15m）で、もっとも損傷がはなはだしく、すべて石質を表し、加えて摩損しているので、当初の仕上げなどを明らかにすることはできない。

　脇堂左端の第四龕の伝阿弥陀三尊像（総高2.66m）は、ほぼ垂直面に彫られ、上方の左右に各二、中尊と脇侍の間に各一躯の合掌して蓮華座上に坐る如来像が化仏のように彫られている。

　第二龕から第四龕までの諸像の彫像年代については諸説がある。北口英雄氏は第二龕の伝釈迦三尊像は平安時代末期、第三龕の伝薬師三尊像は平安時代中期、第四龕の伝阿弥陀三尊像は平安時代末期〜鎌倉時代初

期の作とされている。

　一方、大澤伸啓・大澤慶子両氏は、最近、大谷磨崖仏の諸像の形状と構造を細密に調査され、「大谷磨崖仏と山寺」（『考古学』156所収、令和3年刊）の中で、彫像の年代順序を次のように示されている。

　千手観音立像（第一龕。8世紀末）→伝釈迦三尊像（第二龕。9世紀初

大谷寺本尊御前立の平和観音

頭）→伝阿弥陀三尊像（第四龕。9世紀末〜10世紀）→伝薬師三尊像（第三龕。9世紀末〜10世紀）。そして千手観音像を8世紀とされたことで、日光開山の勝道上人やその背後にある国家祭祀との関連が想定されるとした。大澤両氏の論考は示唆に富んだものであるので、是非、北口氏の「大谷・佐貫の磨崖仏」と併せて拝読され、大谷磨崖仏をじっくり拝観し、その足で鬼怒川の畔に聳え立つ大岩壁に線彫されている「佐貫の石仏（磨崖仏）」（塩谷町）に向かわれることをお勧めしたい。

[付記]「平和観音」について

大谷寺の本尊（千手観音菩薩立像）の御前立として彫像された「平和観音」は、大谷町の石工上野波造氏が第二次世界大戦による戦没者の霊を弔い、あわせて世界平和を祈念して、戦後間もない昭和23年（1948）9月彫り始め、同29年（1954）12月に完成し、同31年（1956）5月4日、日光山輪王寺門跡菅原栄海大僧正によって開眼供養がなされた。

初め大谷石採掘場の壁面を40余m掘り下げ、岩肌に像を刻み込んでいったが、その後、上野氏から東京藝術大学教授の彫刻家飛田朝次郎氏に引き継がれ、6年余の歳月を要して完成した。像高27m、胴周り20m、顔の長さ5m、鼻の長さ1m、足幅1.5mと巨大なものである。現在、宇都宮の観光スポットの一つとして、平和観音前の広場は宇都宮市が管理する大谷公園となっている。

---

② 線彫の 佐貫石仏（さぬきせきぶつ）

塩谷町佐貫（さぬき）

日光市塩野室町（しおのむろまち）方面から県道77号（宇都宮船生高徳線）（ふにゅうたかとく）を北進・北東進して、鬼怒川に架かる観音橋を渡ったすぐ先で左折し、わずか北西進すれば「佐貫石仏」（国史跡）の前に着く。一般に「佐貫観音」の名で親しまれている。ここは東海寺（とうかいじ）（真言宗。宇都宮市篠井町（しのいまち））が管理している。

佐貫石仏は、鬼怒川左岸に聳える高さ60m余の断崖絶壁の石英粗面岩（せきえいそめんがん）（観音岩）に線彫されている磨崖

仏である。これまで何の保護策も講じなかったので、風雨雪に曝され、線彫されたところに苔などが生え広がって、石仏の全貌がさっぱりわからなかったが、県教委（県埋文センター）が平成28年（2016）から3年を要して、佐貫石仏を含めた遺跡確認調査を行い、苔は最小限度除かれたので、今では素人でも線彫された石仏の様子を知ることができるようになった。

　この佐貫石仏は、大谷磨崖仏の影響を受けて、平安時代末期から鎌倉時代初期ころの線彫と推定され、智拳印を結ぶ巨大な金剛界の大日如来坐像で、総高約18.2m、顔面の長さ約3m、その幅約1.64m、蓮華の台

座の高さ約3.3mといわれている。

――――――――――――――

　[註]「智拳印」とは、大日如来の印相。左右それぞれ親指を中にして拳を結び、左手の人差し指を伸ばして右手の掌中に入れること。これは仏の智慧の境地に入ることを表している。

　なお、調査以前のこの石仏は、蓮弁の下が途切れていて、石仏が浮いているように見えたが、調査によって石仏の下に高さ1.5m、奥行き5〜6mの須弥壇（仏像を載せる壇）が築かれていることが確認された。この須弥壇の前面からは鉄釘や賽銭と思われる銭貨（中世・近世の古銭、近現代の硬貨）が出土しているので、石仏は線彫以来、現代に至るまで信仰され続けてきたことがわかる。

佐貫の観音岩全景

大日如来坐像の佐貫石仏

II いろいろな「地蔵尊」

③

②①

⑦
④⑤⑥　⑧

⑨
⑩　　　　⑪

⑮

コラム「量山寺」

⑫　⑬

⑯

⑭

コラム「高勝寺」

⑰

路傍などの至るところで、最も多く目につく石仏が地蔵尊（地蔵菩薩）である。どれを見ても、その姿は頭髪を剃った僧形で、一般には左手に宝珠、右手に錫杖を持った「地蔵尊」として親しまれ、広く信仰されてきた。今でも誰が手向けるのか、地蔵尊の前掛けはいつも真新しく、花が添えられているのを見受ける。

　地蔵菩薩は、釈迦の没後、弥勒仏（弥勒菩薩）が出現するまでの無仏の間、六道で苦しむ衆生を教化・救済する菩薩とされ、平安時代から広く信仰されてきたが、近世になると民間信仰と結びついて一層広まり、六道の救済に当たることから六地蔵の信仰が生まれた。

　集落の路傍や辻に立つ延命地蔵と呼ばれるものは、火防、盗難避け、病気平癒など、庶民のあらゆる願いを叶えてくれる仏として祈願対象として造立されたものが多い。また、子どもを守るとされ、幼くして死んで「賽の河原」で苦しむ子どもを救済すると信じられて、子育地蔵・子守地蔵などが生まれた。

　このように路傍の地蔵菩薩は余りにも数が多いので、ここでは主として覆い堂などに安置されている石仏を取り上げることにした。

---

① 伊王野の 北向き地蔵

那須町伊王野

伊王野の
北向き地蔵

　伊王野の地域住民が運営する「道の駅東山道伊王野」西側に国道294号が南北に通っている。道の駅から国道をわずか0.2kmほど北へ向かって進んで左折し、60mほど進んだ左側（南側）に、露坐の「北向き地蔵」が安置されている。

　この地蔵菩薩は、像高1.7m、台

石を含めた総高約3mという大きなもので、背面に「正徳五年」（1715）の造立銘がある。

　富士山（3776m）が宝永4年（1707）

に爆発し、加えて天候不順なども
あって米価が高騰し、社会的な不安
などが募り、当時の人々の生活は荒
廃していた。こんな時代背景があっ
て、「北向き地蔵」に関わる次のよ
うな伝説が生まれた。

　江戸の近くで百姓をしていた夫婦
が、不作続きで生活が困窮していた
ので、故郷を離れて出羽国米沢（よねざわ）に向
かう途次、それはそれは寒い冬のあ
る日、伊王野に差しかかった。村人
に「ヨネザワ」へ行く道を尋ねたと
ころ、村人は「ヨネサワ」と呼んで
いる地元の長源寺（ちょうげんじ）（曹洞宗。伊王野）
の前から北へ長く続く沢と間違え
て、「あの山のすぐ陰だよ」と教え

伊王野の北向き地蔵

てくれた。子連れ夫婦は喜んで元気
を取り戻し、教えられた道に消えて
いった。

　すると翌朝、降り積もった雪の中
に子どもを抱きかかえたまま凍え死
んでいる夫婦を村人が見つけた。村
人たちはひどく悲しみ、その遺体
を「シャカド山」（釈迦堂山）（しゃかどうやま）に運び、
塚をつくって手厚く葬った。いつし
かこの塚を「ガキ（餓鬼）塚」と呼ぶ
ようになった。村人たちは土手の上
に北の「ガキ（餓鬼）塚」に向けて地
蔵菩薩を安置した。これが「北向き
地蔵」であると伝えている。

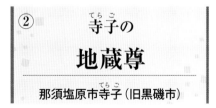

② 寺子の（てらご）
地蔵尊
那須塩原市寺子（てらご）（旧黒磯市）

大田原市街方面から県道72号（大

寺子の地蔵尊

田原芦野線)を北東進し、那珂川の橋を渡って左折して北進、北東進すると「寺子十文字」に差しかかる。このまま0.3kmほど進むと左側に会三寺(真言宗)があり、すぐ先に余笹川に架かる寺子橋がある。橋を渡らず橋のすぐ手前を左折すると、左側に地蔵堂がある。ここに「地蔵尊」が安置されている。

　地元では「イボ(肬)取り地蔵」と呼んで、毎年8月23日、子の成長と家中安全を願って集まり、念仏供養を行っているという。地蔵尊は享保12年(1727)に造立された蓮弁座に載った坐像で、台座を含めた高さ約2.9mという大きな地蔵尊である。

寺子の地蔵尊

　後述する「仏ノ山峠の地蔵尊」(35ページ)と同じく、信濃国高遠の石工によって造像されたもので、蓮弁に地元の関係者名や北原又衛門・原孫七・伊藤万右衛門・北原磯左衛門らの石工名と造立年などが陰刻されている。伝えによると、享保年間(1716〜36)の大飢饉に見舞われて、老人・子どもらの餓死者が多かったので、その供養のため、高遠の石工に依頼して造像したものという。

　なお、地蔵堂の脇には延享2年(1745)・文政13年(1830)や明治9年(1876)造立の馬頭観世音など10余基の碑塔が群在している。

③　百村の
木の股地蔵
那須塩原市百村(旧黒磯市)

　黒磯市街から県道369号(黒磯田島線。通称「板室街道」)を北西進して深山ダムに向かうと、深山トンネル手前近くに「木の股地蔵」(市指定)がある。県道左側に駐車場(無料)があり、場内に地蔵尊の案内板がある。

　駐車場から林道を0.17kmほど進むと、樹齢500年というカツラ

百村の
木の股地蔵

（桂）の大木がある。この根元に総
高37cm、像高31cmほどの苔生し
た小さな地蔵尊が、木の股に安置さ
れている。造立年は不詳である。

　伝説によると、平安中期の武将安
倍貞任（？～1062）が、守り本尊の地
蔵尊をカツラの木に置いて、源頼義

百村の木の股地蔵

との戦いに臨んだが敗北したとか、
会津の農民がこの地蔵尊を密かに持
ち帰ると、毎夜「きのまたこいし、
きのまたこいし」と泣くので、仏罰
を恐れて元のカツラの場所に戻した
と伝えている。

　「木の股地蔵」のすぐ先のところ
に地蔵堂（昭和58年再建）があり、
堂内に7体の石造地蔵尊が安置され
ている。この地蔵尊群は子宝・子育
てにご利益があるというので、大戦
前は多くの参詣人が訪れたという。
堂前の石燈籠には享保4年（1719）奉
納の銘があるので、「木の股地蔵」
の造立年は享保年間初頭ころのもの
かも知れない。

④　安良沢の
　　産子地蔵尊

日光市清滝安良沢町

　「神橋」から中禅寺湖方面に向かっ
て国道120号を西進し、「日光植物
園」を左手に見ながら進んで安良沢
橋を渡ると、すぐ右側奥に「産子地
蔵尊」を祀った地蔵堂がある。車の
駐車場がないので、安良沢橋を渡る
とすぐ右手側にわずかな空き地があ
るので、ここに車を停めておくといい。

「産子地蔵尊」は、宝永4年（1707）の造立で、像高90cmだが、台座30cmを含めた総高は1.2mである。堂内の側壁に「あらさはの　うぶこぢぞうを　ねんづれば　りやくあらたか　むびょうそくさい」という、齋藤新次・ヨネ両人の詠んだ歌額

（昭和47年10月吉日）が掛かっている。子どもの病気、夜泣き、生育が悪いとき、この地蔵尊にお願いすると、必ず治るという信仰が近年まで続いていたと伝えている。

　この地蔵尊は、かつて大谷川に注ぐ荒沢の日光電気軌道鉄橋の下に祀ってあった。明治43年（1910）以前は、ここは日光と中禅寺湖を結ぶ主要街道であったので、産子地蔵尊は道行く人の目をひいたが、電気軌道の開通によって鉄橋下となり、参拝者が途絶えて仕舞った。加えて鉄橋近くで転覆が相次ぎ、昭和23年（1948）10月24日には、トロッコに乗って遊んでいた子らが死亡するな

安良沢の産子地蔵尊

産子足跡石

ど、事故が絶えないのは地蔵尊の祟りだということで、昭和23年、現在地に堂宇を建ててここへ地蔵尊を遷した。このため10月24日が産子地蔵尊の縁日としている。

地蔵堂に向かって右側に、かなり傷んでいる石段がある。里人が設けた手摺りを頼りに石段を下りると、荒沢への途中に「産子足跡石」がある。1.5m角の安山岩の自然石に、子どもの足跡を遺したものというが、苔が生しているので確認は容易でない。苔をむしり取ってみると、子どもの足跡と思われるものが付いている。この足跡石は産子地蔵尊に関わるものであるので、傷んだ石段に注意しながら下りてみてはどうだろうか。

含満ガ淵の並び地蔵

⑤ 含満ガ淵の 並び地蔵

日光市匠町

大谷川に架かる「神橋」を渡って左折し、国道120号を中禅寺湖方面に向かって0.2kmほど進むと、左手に「竹内物産店支店」名があるので、この手前を左折し、大谷川に沿ってさほど広くない道を0.7km

ほど西進して左折、含満大谷橋を渡ってそのまま0.2kmほど進むと、含満街区公園入口の駐車場（無料）がある。

ここへ車を停め、付近の景色を眺めながら少しほど歩いて、慈雲寺の山門をくぐると、左手に昭和48年（1973）に復元建立された同寺の本堂がある。この辺りから日光八景の一つ「含満ガ淵」（憾満ヶ淵）である。

本堂付近辺りから、左手に約100体といわれる「並び地蔵」が一列に配され壮観である。別名「百体地蔵」

浄光寺境内の憾満親地蔵首

ともいわれ、幾度数えても違うので、「化け地蔵」ともいわれている。天海（慈眼大師。1536〜1643）の門弟をはじめ有縁の僧俗約100人が、1体ずつ「過去万霊自己菩薩」のため、親地蔵と石地蔵100体ほどを彫り刻んのが、「並び地蔵」と称されているものである。

しかし、明治35年（1902）9月25日、県下全域を襲った大暴風雨のさい、山間部の大谷川は未曾有の大洪水となって氾濫し、列座の奥の親地蔵2体と他の地蔵の幾つかが流出し、100余体あった地蔵は、現在74体になっているという。

その後、親地蔵の1体が大谷川の

川床に埋没しているのが発見され、現在、近くの浄光寺（天台宗）境内に「憾満親地蔵首」として安置されている。

⑥ 浄光寺境内の 導き地蔵尊

日光市匠町

匠町の浄光寺（天台宗）境内墓地の最西端突き当たりに、「導き地蔵尊」がある。浄光寺の山門は板橋石で葺かれ、石屋根は日光唯一のものである。

浄光寺は還源山妙覺院と号し、寛永17年（1640）、浄光坊と往生院が合併して成立したもので、境内には日を限って願い事をすると、必ず叶えるという「日限地蔵尊」が地蔵堂内に安置されている。石の菅笠を

浄光寺の導き地蔵尊

導き地蔵尊の耳だれ地蔵（左・右）

されていて、中央の最も大きな石仏「導き地蔵尊」は、現存する日光山最古の石仏で、天文19年（1550）の造立である。向かって左側の石仏は文禄5年（1596）、右側の石仏は寛永13年（1636）造立の銘がある。この左右の二体の石仏は「耳だれ地蔵」といわれ、耳病平癒に霊験があるといわれている。

⑦ 江ノ久保の 首切地蔵尊
日光市 所 野字江ノ久保

　江ノ久保地内の道路沿いに、妙法蓮華経塔・六地蔵塔と首切地蔵尊がある。

　今市市街から大谷川に架かる「大谷橋」を渡って、「大谷向」交差点を左折して北へ進み、間もなく「材木

被っているので、菅笠日限地蔵尊として信仰され、毎月24日には縁日を、毎年4月24日には大縁日を開いている。

　この地蔵堂脇を通って西進すると、「導き地蔵尊」に突き当たる。導き地蔵とは、仏の道への導きだという。堂内には三体の地蔵尊が安置

町」交差点を左折して県道247号（日光だいや川公園線）を北西進すると、左側に日光カンツリー倶楽部がある。さらに北進すると信号機があり、その角にコンビニ「ローソン」があるので、ここを右折して整備された日光広域農道を約0.1kmほど東進すると、左側に「広域農道日光地区」の標識がある。

この標識手前に左に折れる旧道入口があり、入口に入ってすぐの左側に2基の石造物がある。ここに車を停めてよく見ると、「妙法蓮華経塔」と単制無縫塔形に6体の地蔵を浮彫にした「六地蔵塔」がある。

「妙法蓮華経塔」は、寛政11年

（1799）の造立で、台座を含めた総高は1.4mである。この右側に存す

江ノ久保の妙法蓮華軽塔

首切地蔵尊

六地蔵塔

る「六地蔵塔」は、地蔵を上下に2体ずつ三面に浮彫にしたいわゆる陽刻で、基壇・基礎を含めた総高は約1.4mである。享保13年（1728）造立の銘が刻まれている。素人なのでわからないが、県内にこの種の六地蔵塔はほかに存在するのであろうか。なかなかの優品である。

　ここから下り坂の日光広域農道を0.2kmほど東へ進むと、道路の右側に簡素な上屋に覆われて、「首切地蔵尊」が安置されている。

　この「首切地蔵尊」は、処刑者の霊を供養するために造立された安山岩製の坐像で、右手に錫杖、左手に宝珠をもつ一般的な姿であるが、錫杖は失われてしまったのか判然としない。像高約1.5m、台座を含めての総高は約2.7m、造立年代は不明だが、前記した「六地蔵塔」に享保13年（1728）の銘があるので、同じ年代ころのものかも知れないと推定し、共に日光市史跡に指定されている。

　ところで江戸時代、「公事方御定書」に規定された七種の死刑のうちの一つ「死罪」を言い渡された罪人は、日光東町の牢獄（現・JR日光駅付近）から馬または駕籠に乗せられて、東町はずれの筋違橋の横を通って野口の大谷川に出て川を渡

り、現在の日光カンツリー倶楽部を横切って、江ノ久保の刑場に運ばれ、この地蔵尊のある前で処刑されたという。ここは会津との交通の要所でもあったので、罪人の「さらし首」もここで曝されたと伝えられている。

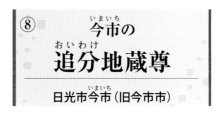

⑧ 今市の追分地蔵尊

日光市今市（旧今市市）

　宇都宮方面から国道119号（日光街道）を北上すると、今市宿の南端で国道121号（例幣使街道）と合わさる「小倉町」交差点に差しかかる。この近くに「追分地蔵尊」を安置した地蔵堂がある。

　日光東照宮方面から江戸に向かって南東進すると、2つの街道が左右

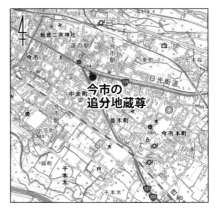

今市の追分地蔵尊

に分岐するのでここを追分といい、ここに建っている堂宇に地蔵尊が安置されているので、「追分地蔵尊」の名で親しまれ、今市宿に向かって北向きに安置されている。像高は約3mという巨大な地蔵尊である。

　一般に地蔵尊は、右手に錫杖、左手に宝珠の姿が最も多く、合掌像が

追分地蔵尊

追分地蔵尊安置の地蔵堂全景

これに次いでいるが、この追分地蔵尊は、胎蔵界大日如来の法界定印の手印（手の指で印を結ぶ、その指の形）を結んでいるので、地蔵の名にふさわしくない。

　このことはさておいて、この地蔵尊の史的確証は全くないが、伝承によると、含満ガ淵の「並び地蔵」の親地蔵の1体が、大谷川の大洪水によって今市付近まで流され、砂に埋もれていたのを石工が大石と思って鑿を入れたら、真っ赤な血が流れたので、如来寺（浄土宗。旧今市市今市）に運んで安置した。

　ところが寺では毎夜、怪異が起こって気味悪く思っていたが、こんなあるとき、住持（住職）が夢の中で、「男体山の見える所に置け」というお告げがあったので、寛永2年（1625）、現在の追分の地に遷したという。しかし、雨雪に曝されていたので、昭和5年（1930）ころ堂宇を建てて安置した。これが「追分地蔵尊」であると伝えている。

　なお、境内には延宝4年（1676）の庚申石燈籠、寛政6年（1794）の道標などがある。特に道標は、鹿沼の和泉屋藤七が旅人の平安無事を祈って造立したもので、「右鹿沼　左宇都宮道　寛政六寅年」と陰刻されて

いるというが、風化がひどく今では判読するのが難しい。境内の入口には追分にふさわしく、常夜燈が建っている。

　境内に入って地蔵尊に向かった左側に、小さなお堂が二つ並んでいる。左（手前）にあるお堂に二十三夜塔が祀られ、二十三夜信仰の〝三夜様〟として信仰を集め、右のお堂にはくさ（瘡）地蔵が祀られ、吹き出物や足の病に効くというので、今なお信仰が続いている。

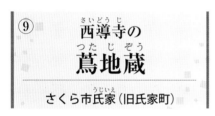

⑨ 西導寺の
蔦地蔵

さくら市氏家（旧氏家町）

　JR氏家駅の東方近くの西導寺（浄土宗）本堂の西塀の外に、安山岩に丸彫りした地蔵菩薩像（市指定）が

ある。一般に「蔦地蔵」の名で親しまれ、「定家地蔵」とも呼ばれている。

　この地蔵は、もともと現在地にあったものではなく、『下野風土記』（元禄元＝1688年刊。佐藤行哉校定・昭和33＝1958年刊）に、「石地蔵也、氏家町西ノ方ノ田ノ中也、面相ヲヨケ惣身ニツタハエカヽリシ故ニツタ地蔵ト云」とあるが、「西ノ方ノ田ノ中」では、その位置を確定することはできない。

　ともあれ、地蔵にからむ蔦かずらの様をみた里人は、古くから「蔦地蔵」と呼んでいたという。像高1.36mの地蔵菩薩坐像と蓮弁台座は丸彫りされ、右手に錫杖、左手に宝珠をも

西導寺の蔦地蔵（地蔵菩薩像）

ち、丹念に造像されている。造立年代は陰刻されていないので不明だが、一説には鎌倉時代の石仏といわれている。

また、宇都宮氏と関わりをもつ藤原定家（1162～1241）の七回忌に、その面影を偲んで造像されたともいわれ、さまざまに脚色されて数多くの伝説を生み、『下野風土記』などには、藤原定家の姿を写したと記しているので、定家地蔵とも呼ばれている。

⑩ 大中の 浮島地蔵（うきしま）

さくら市大中（旧氏家町）（おおなか）

大中に「浮島地蔵」がある。大中は、もと河内郡絹島村芦沼（きぬしま・あしぬま）（現・宇都宮市）の一部で、江戸時代には大中島（おお・なかじま）といったが、昭和12年（1937）

に氏家町大中に編入し、現在に至っている。当地は鬼怒川左岸の沖積低地に位置しているため、しばしば水害を被ってきたが、昭和25年（1950）に鬼怒川大堤防の完成によって、以後、水害を受けることはなくなった。

享保8年（1723）8月10日、五十里（きょうほう・いかり）湖の決壊によって、土砂をともなった大洪水は、鬼怒川流域に未曾有の水害をもたらしたので、後世、「五十里洪水」といわれ、本県水害史上、最大級の被害を受けた。

この水害によって、水死などの水難救助を求める念から、水神（すいじん）や地蔵などの民間信仰が生まれ、鬼怒川左岸の大中とさくら市上阿久津（旧

大中の浮島地蔵

氏家町）には、「浮島地蔵」の伝承が残っている。

大中の「浮島地蔵」は、背面に「享保八天　念仏供養　癸卯四月十二日」の銘が陰刻された、蓮弁台座の上に丸彫坐像を安置した、美しい地蔵尊である。

伝承によれば、五十里洪水のとき、村全体が泥海と化したが、この地蔵尊のみが島のように浮かんでいたので、その後、これを「浮島地蔵」と呼んだという。なお、この「浮島地蔵」のあるお堂付近には、文化4年（1807）銘の「馬頭観世音供養塔」、文政2年（1819）銘の「二十六夜塔」などがある。

船玉（魂）神社（さくら市上阿久津）の右側の道をわずかに北進した左側に、「浮島地蔵」の案内板がある。ここにお堂があり、堂内に「上阿久津の浮島地蔵」が安置されている。お堂は昭和2年（1927）に新築され、同53年（1978）に改築されたものだが、案内板によると、堂内の浮島地蔵（丸彫立像）は、鬼怒川の大水のさい、重い石地蔵であるのに、浮きながら上阿久津に漂着したという伝承がある。

お堂は施錠してあるので、堂内の地蔵尊は観察できないが、『氏家の社寺と信仰』（氏家町史別冊。平成6年刊）によると、「もともと野仏の地蔵尊で、子授け、安産、子育て等、女人によって信仰され」、台座に「八日念佛講中　奉供養地蔵大菩薩　女人等現当二世安楽所　元文吉祥天」と陰刻されているというので、毎月八日に女性たちが供養してきたようである。

⑪ 太平寺境内の 水子地蔵尊
那須烏山市滝（旧烏山町）

太平寺については、「石幢」の項で触れるので省くが（168ページ）、境内には「水子地蔵尊」がある。水子地蔵尊には、流産したり堕胎した胎児を供養した地蔵尊や、生まれて間もない子、産子の健やかな生育を祈って造られた地蔵尊などがあろう。

太平寺境内の
水子地蔵尊

地蔵尊の呼称は、その目的や形態などによって、願主あるいは施主が、

太平寺の水子地蔵尊群全景

太平寺の水子地蔵尊

適当な名称をつける。その一つが子育地蔵・水子地蔵である。

　地蔵尊は、おおむね宝珠をもつ。宝珠を手に持つ仏は、先ずは地蔵尊であるとみてよさそうである。そして宝珠と錫杖を左右に持って立つのが最も普遍的な地蔵の尊容である。地蔵はおおむね露仏として路傍、寺院の境内と境外、墓地などにみられるが、本県の場合、凝灰岩の大谷石などを用いているので、雨雪によって表面が損なわれ、はなはだしく風化摩滅したものが多い。

　太平寺境内の水子地蔵は、右手に錫杖を持ち、ここに縋（すが）っている産子、左手には宝珠ではなく、産子を抱（いだ）き、母親の衣裾に産子が縋っている彫像は、母親の慈愛に満ちた様子がうかがわれ、すくすく育つ子の生長を目のあたりに見る思いのする逸品といえる。だから水子地蔵尊というよりは子育地蔵の尊名がふさわしいかも知れない。

⑫　邪鬼（じゃき）を踏む
朝日地蔵尊（あさひ）
市貝町多田羅字寺前（たたら　てらまえ）

県道69号（宇都宮茂木線）と県道

163号（黒田市塙真岡線）が交差する「荒宿」から163号を2.1kmほど南下すると、真岡鐵道多田羅駅前に着く。駅の西側近くに無住の能引寺（浄土宗）がある。浄土宗名越派円通寺の末寺であるが、由緒沿革などは不詳である。

能引寺境内の南側道路に面して、簡素な屋根に覆われて、享保11年（1726）造立の東向き「朝日地蔵尊」がある。右手に錫杖、左手は長い涎掛けで隠れているが、掻き上げてみると左手は失われている。蓮華座の上に立つ一般に見られる温容な地蔵菩薩立像で、総高1.05mの大きさである。

ところが蓮華座の下に、見事に彫造された邪鬼を踏まえているのに驚いた。庚申塔には邪鬼を踏まえたものが結構多いが、地蔵菩薩像に邪鬼を踏まえたものは見たことがない。

地蔵菩薩は釈迦の入滅後、弥勒仏が出現するまでの無仏の期間、六道で苦しむ衆生を浄土へ導く役割を担う菩薩であるのに、なぜ邪鬼を踏まえているのだろうか。ここでは素人の私が勝手に「庚申供養地蔵」と仮称しておきたい。ご存じの方からのお教えをいただきたい。

能引寺の朝日地蔵尊

邪鬼が地蔵尊に踏まれていて珍しい

なお、能引寺の真西0.2kmの地、小貝川に架かる多田羅大橋の手前40mの道北側の左岸に、「夕日地蔵尊」がある。伝えによると「朝日地蔵尊」と対して造立されたというが、これには蓮華座の下に邪鬼は彫造されていない。

⑬ 御嶽神社の
塩地蔵尊
茂木町茂木

　茂木町役場の東方近くに茂木高校がある。高校の南側に御嶽神社が鎮座し、神社への参道石段を上る左側（山の麓）に、すぐ目につく地蔵堂がある。ここに「塩地蔵尊」が北を向いて安置されている。地蔵堂近くに駐車場がある。

　海無しの内陸国であった下野は、生活に欠かせない「塩」は、主に常陸国（茨城県）の海に頼らざるをえなかった。特に常陸の大洗海岸付近と下野を結ぶ塩の道は、主に①那珂川沿い、②仏ノ山峠越え、③金山峠越えの三つが考えられる。

　中でも下野と常陸の国境であった金山峠越えについて、『栃木の峠』（桑野正光著）によれば、大洗方面から水戸の南を迂回し、河和田、加倉井、木葉下（以上、現・茨城県水戸市）、七海村（現・茨城県城里町）塩子を経て金山峠を越え、青梅（現・茂木町）を経て茂木までのルートはよく知られた「塩の道」で、湿気を嫌う塩の輸送には最適の道で

御嶽神社の塩地蔵尊

あった。さらに桑野氏によれば、河和田には立派な「塩街道」の標柱があるという。

大洗付近で製塩された塩は、人の背や馬の背で下野国へ運ばれたが、かつての峠道は廃道となり、大正時代に入って峠を迂回する道が開削され、かつての「塩の道」は県道51号（水戸茂木線）と化してしまった。

この金山峠を越えた「塩の道」は茂木に至ったので、茂木はその終点であったが、またこの地は、塩運搬の中継地として下野各地へ運ばれていった。

これらのことを考えると、地蔵堂に安置されている「塩地蔵尊」は、塩を運ぶ道中の安全を祈願して造立されたので、多くの参拝者はこの地蔵尊に感謝して塩を掛け、加えて桑野氏によれば、「塩の道」終点に遊廓があったので、娼妓たちも願掛けの塩を地蔵尊に掛けたという。この

御嶽神社への参道石段

ためいわば塩害として地蔵尊の顔はボロボロになり、ご覧のように扁平になってしまった。それでも右手に錫杖、左手に宝珠を執っている地蔵尊の姿をわずかに留めている。堂内に安置されているので像高は不詳だが、おおよそ1.3m位であろうか。造立年は不明である。

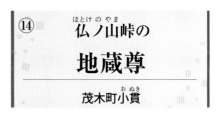

⑭ 仏ノ山峠の（ほとけ の やま）
地蔵尊
茂木町小貫（お ぬき）

県道1号（宇都宮笠間線）を笠間市方面に向かって進むと、左側の山際に、悲話を伝える夕日堂（茂木町小貫）（ゆう ひ どう）がある。このお堂の少し先が仏ノ山峠（約193m）である。茨城県と茂木町小貫の境をなすこの峠は、笠間方面から箱田（はこ た）、片庭（かたにわ）を経て上る急

仏ノ山峠の地蔵尊

坂は九十九折りであったので、茨城県側からの峠越えはかなり難渋を極めた。

この峠の道の西側、急な石段を少し上ったところに地蔵堂がある。堂内には稲田御影石（笠間市稲田）で知られる上小貫の奈良駄峠付近で産出した花崗岩で造られた、白い岩肌の結跏趺坐の「地蔵尊」が安置されている。

［註］　結跏趺坐：〔跏（足の裏）と趺（足の甲）を結ぶ坐法の意〕。胡坐をかき、左右の股の上に、反対の足を置き、足の裏を仰向けにして組む坐法。

この地蔵尊は、信濃国高遠（現・長野県

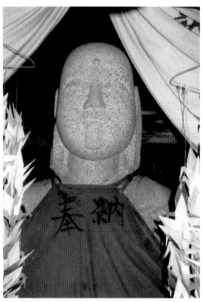

仏ノ山峠の地蔵尊

上伊那郡高遠町）出身の新八と七兵という石工が、安永9年（1780）6月に造像したもので、像高約2.3m、台座幅約2.4mという途轍もなく大きい地蔵菩薩像である。地蔵尊は右手に錫杖、左手に宝珠をもつのが一般的だが、この地蔵尊は右手を軽く握り、左手に宝珠をもつ珍しいもので、北向きに坐している。

地蔵尊は、はじめ上小貫の吹田と笠間の片庭を結ぶ旧道の山中にあったが、明治20年（1887）5月、現在地へ遷されたので、栃木・茨城両県の追分地蔵尊として信仰されてきた。

高遠は元禄年間（1688〜1704）以降、内藤氏3.3万石の城下町として栄えた地であるが、農耕地に恵まれない百姓たちは、江戸時代初めごろから石仏造りの技術を身につけて、全国各地へ出稼ぎして彫像したようで、この「仏ノ山峠の地蔵尊」も彼らが遺したものとして注目されよう。

⑮ 上小池町の
占い仏
宇都宮市上小池町

宇都宮市街から国道119号（日光街道）を北上し、「徳次郎」交差点を過ぎて北西進し、石那田町を経て上小池町に入ると、街道右側の新渡神社の手前約0.5kmの左側に、ややこぢんまりとした小堂が目につく。

占い仏が安置された小堂

ここに石造「占い仏」が安置されている。

石仏は凝灰岩の大谷石（おおやいし）で造像され、真新しい赤い頭巾（ずきん）の冠（かんむり）、幾重にも重ねられた衣装はぐるぐる巻きにされているので、外観からは尊像名は判然としないが、『日光道中分間（ぶんけん）

占い仏と3個の玉石

延絵図（のべえず）』に描かれている阿弥陀仏ではないかといわれ、『栃木の日光街道』（平成15年刊）によれば、造立は享保（きょうほう）15年（1730）の銘が刻まれているという。

石仏は坐像で、その像高は0.95mだが、基壇を含めると1.4mの大きさである。石仏の前に饅頭（まんじゅう）の形をした3個の玉石が置かれている。里人は石仏に願いを掛けてから、いずれかの石を持ち上げて軽く感ずれば、願いは叶うとされるところから、古くから「占い仏」、玉石を「占い石」と呼んで、今なお大切に保護されている。

⑯　勝願寺（しょうがんじ）の
地蔵ケヤキ
鹿沼市 油田町（あぶらでんまち）

鹿沼市街から国道293号を南下

し、大門宿で右折して県道15号（鹿沼足尾線）を南西進して、大芦川に架かる赤石橋を渡り、ここから1.5kmほど進むと、右側に南摩小学校がある。小学校に接した手前（東側）を右折して進めば勝願寺（真言宗）である。

　勝願寺の参道入口の右側（東側）に、「地蔵ケヤキ」（県指定）がある。推定樹齢600年、樹高約10m。一般のケヤキは、幹が真っ直ぐに伸びて、途中で枝分かれするが、このケヤキの幹は二、三本の幹から出た茎が癒着したかのようで、下部に二つの空洞ができ、人が出入りできる大きさで、その姿は何とも奇である。

　空洞化した幹の内部に、像高0.55m、台座を含めると総高0.66mの地蔵尊が安置されている。洞内と洞外にある二体の地蔵尊は、伝承によると、270年ほど前、この空洞内

で女乞食が子を生んで亡くなったので、その霊を弔って造像し安置し、

ケヤキの幹間に安置された地蔵尊

ケヤキ洞内の地蔵尊

洞外の大きな地蔵尊は母親、洞内の
小さな地蔵尊はその子であるという。
一見に値する「地蔵ケヤキ」である。

⑰ 福富町の
耳だれ地蔵

足利市福富町

　佐野市街から県道67号（桐生岩舟
線）を西進し、「山川町」信号を左折
して県道8号（足利館林線）を1.2km
ほど南下して渡良瀬川に架かる福猿
橋を渡り、道なりに左折して0.3km
ほど東へ進むと「福富町」信号があ
る。ここを右折して0.3kmほど進
むと左側に、小さなお堂があり、「耳
だれ地蔵」の案内標示がある。お堂
に接して車1台位停められる箇所が
あるので、ここに車を停めるといい。
　「耳だれ地蔵」（市指定）は、堂内

堂内に安置の耳だれ地蔵

に安置されているが、わずかな格子
の隙間から覗くことはできる。地蔵
尊は蓮華の台座の上に立っている
が、案内板によると、台座の下部は
お堂の床下になっているという。左
手に宝珠、右手にしっかりと錫杖を
握っている。ここで珍しいのは、錫
杖の柄に五輪塔を刻み込んでいるこ
とである。案内板によると、台座の
裏面に「正徳四甲午天九月吉日（以
下略）」の銘が陰刻されているので、
1714年の造立であるようだ。古く
から「耳だれ地蔵」として信仰を集
めているという。

量山寺の「お賓頭盧」

高根沢町亀梨にある量山寺（曹洞宗）は、喜連川（塩那）丘陵南西部の丘陵上にある。同町光陽台方面から県道341号（宝積寺太田線）を東進して、太田を経て「元気あっぷむら」に向かい、ここから0.9kmほど北東進して左折し、丘陵上を0.7kmほど北へ向かって進めば、右側に量山寺がある。

寺伝によると、量山寺は天正元年（1573）、千本城（現・茂木町千本）の城主千本太郎の家臣鈴木右衛門重房の建立で、開山は宇都宮の成高寺（曹洞宗）14世大安啓変という。明治13年（1880）に類焼で堂宇を焼失し、現在の本堂などはその後の再建によるものである。本堂のすぐ前左側に「お賓頭盧」が置かれている。

「賓頭盧」とは、釈迦の弟子で、釈迦の命を受けて、永くこの世にとど

まって、正法を護持して衆生を導くという16人の羅漢（阿羅漢）の第一で、賓度羅跋羅惰闍のことであるが、一般に「お賓頭盧」とか「お賓頭盧さま」と呼ばれている。

しかし、賓頭盧は「阿羅漢果」（悟りを得て修行者の到達しうる最高の位）を得て、神通力に長じたが、みだりに神通力をもてあそんだので、釈迦の呵責を受けて涅槃を許されず、釈迦の滅後も衆生の救済にあたったという説話がある。

「お賓頭盧」は古くから諸寺に祭られたが、のち像を寺の本堂の外陣、前縁などに置かれ、病人が自分の患部と同じその像の箇所を撫でると、除病の功徳があるという俗信が広がった（撫で仏）。

量山寺の「お賓頭盧」は2基で、左側は高さ30cm・幅26cm、右側は高

量山寺の
●お賓頭盧

量山寺のお賓頭盧

さ25cm・幅23cmの大きさで、「撫で仏」から派生して「占い仏」と化した。「お賓頭盧」に願を懸けて、頭を両手で抑えて持ち上げ、叶うときは軽く持ち上がり、叶わないときは重くて持ち上がらないという。この軽重によって占う仏に似た「占い仏」については、別項（「いろいろな「地蔵尊」」）の「上小池町の「占い仏」（宇都宮市）でも触れたので参照していただきたい。

Column

高勝寺の「賽の河原」

小山市街方面から佐野市街方面へ向かって県道36号（岩舟小山線）・67号（桐生岩舟線）を西進し、「JR岩舟駅入口」信号を右折して、県道133号（岩舟停車場線）を0.8kmほど北へ進み、突き当たりを右折して道なりに東進すると、岩船山（172.7m）を取り囲むようにして高勝寺への参詣裏参道案内標示がある。標示によって曲がりくねった狭い坂道を上り進むと、高勝寺境内の駐車場に着く。

高勝寺（天台宗。栃木市岩舟町静）は、地蔵菩薩の信仰で知られる岩船山蓮華院と号し、寺伝によると、宝亀年

愛らしい小児像

高勝寺の賽の河原全景

41

間（770～80）、伯耆国大山の僧弘誓坊明願が、生身の地蔵菩薩を求めてこの地に来訪し開山したという。

　一般に岩船山の山名は、山全体が船の形をしていることに由来するといわれ、高勝寺の本堂のある西方が船の先（舳先）、船の後尾（艫）にあたる東方に賽の河原堂（西院）がある。本堂と河原堂の中間に山門（県指定）、山門の南西方に三重塔（県指定）がある。

　民間信仰で、冥途に至る途中にあると信じられている河原を「賽の河原」

可憐な女子像

何ともいじらしい小児たち

という。ここは三途の川（さんず）の手前にあって、ここで父母の恩に報えずに死んだ小児が、父母の供養のため小石を積んで地蔵菩薩に供え、無事に渡河しようとすると、すぐ大鬼が来て積んだ石を片端から壊してしまう。それをくり返すうち地蔵菩薩が現れて小児を救うという仏教説話（「地蔵和讃（わさん）」）がある。

「一重積んでは父をよび、二重積んでは母恋し……」（「地蔵和讃」）。こうして地蔵信仰は広まり、ここで触れる岩船山は、古くから霊魂の集まる霊場、死者の故郷（ふるさと）として脚光を浴び、江戸時代中期以降、関東一円に広まり、各地に「講（こう）」が結ばれ、春秋の彼岸会（ひがんえ）には各地からの参詣者で賑わったので、『下野国誌』（嘉永（かえい）3＝1850年刊）に「春秋の彼岸には、遠近の老若詣で来て賑（にぎ）わし」と記している。

高勝寺の「賽の河原」は、西面する河原堂の石段上り口手前の左側一郭にある。この入口に小さな石が沢山置かれ、そこに「童子、童女の霊、水子の霊に供養する積み石です。積み石はお地蔵様の足元において下さい」という説明板がある。

また、「賽の河原」には水子地蔵尊も造立、奉納され、その脇に「蓮田市（はすだ）の子育地蔵講中（こうちゅう）によって建立された地蔵尊です。闇から闇に葬られた子どもの霊を、救ってくれることを願って建立されたもので、生まれなかった可哀相な子どもの冥福を祈ってください。合掌」という主旨の説明板がある。

この「賽の河原」には、小児に先立たれた親たちが、子を救ってあげようという念から、奉納した丸彫りの小児地蔵尊が、およそ30〜40体あるが、いずれも像高25cm内外の小さなものである。ここに可憐な小児像数体を示したので、鑑賞・合掌していただきたい。

水子地蔵尊（蓮田市子育地蔵講中の建立）

小児をしかと抱きしめる母親

Ⅲ 「道祖神」・「金精神」など

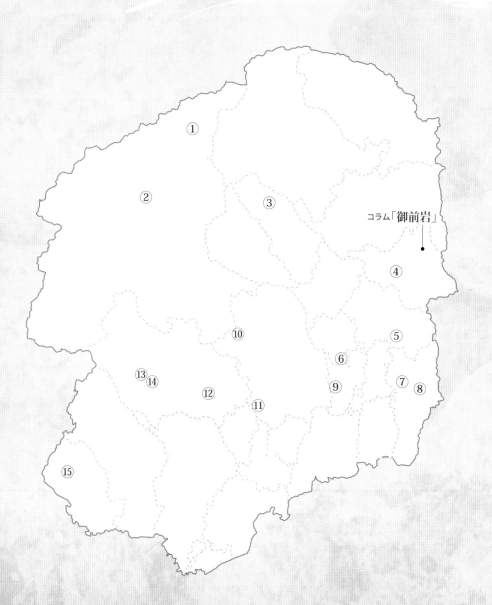

①
②
③
コラム「御前岩」
④
⑩
⑤
⑥
⑬ ⑭
⑨
⑦ ⑧
⑫
⑪
⑮

「道祖神」は、かつての村境や峠などの路傍にあって、外部からの疫病や悪霊などを防ぎ止めたり、追い払ったりする神として、また、行路の神、旅の神、生殖の神ともされているので、県内のあちこちにそれぞれの性格をもって造立されている。このため神社境内の片隅に、ぽつんと一体男根を象ったものがあったりして、何ともその理解に苦しむものまで存在する（生殖、下の病を神に祈願して造立したものか）。

　ともあれ道祖神は、男根形の自然石や自然石に文字を陰刻したもの、自然石を男根に象ったものなどさまざまで、道陸神・塞神・岐神などともいわれ、中には縄文時代の遺跡から出土した男根風の「石棒」を覆堂に祀ったものまで存在している。

　これらのものから派生して、人里から少し離れた山間の辺地には、男根を金精神・性神として祀ったものもある。しかし驚くことはない。すでに古代の奈良時代に編まれた『古事記』『日本書紀』には、何と男女二神（伊弉諾尊・伊弉冉尊）の「国生み神話」が大胆に記されている。

　神世（代）七代の最後の二神で国造りを担い、「陽神・陰神として相和して」大八洲国をはじめとして地上世界を完成云々とある。国生み神話は、男女二神の「みとのまぐはひ」（日本書紀「共為夫婦」）に始まる。「ミト」のミは接頭語。トは男性・女性の陰部。「マグハイ」は目合い（目配せ。愛情を通わせる）から、情交・性交の意である。

　山間の辺地に見られる性神・金精信仰が、これらの神話を意識したとは思われないが、古くから性を神聖視し、特に女性のもつ神秘を「生産の神」とも結びつけてきたことは確かであろう。

① 上三依の男根を抱えた

道祖神

日光市上三依（旧藤原町）

　私は上三依地区を訪ねるときは、東北自動車道「西那須野塩原IC」か

ら国道400号を西進し、中塩原バイバス、尾頭トンネルを経て、上三依温泉口駅前で国道121号（会津西街道）に交差する順路を選ぶ。

　「上三依の道祖神」への道は、温泉口駅前で交差する121号をわずかに南下すると、左手に「上三依水生

植物園」がある。宇都宮からここまでわずか1時間半余で着く。

　水生植物園の広大な駐車場に車を停め、南流する男鹿川の水生橋を渡って右折して進めば、水生植物園の入口前に着く。入口手前を左折して沢沿いの山道を少し進むと、右側に上三依の「文政六銘石造道祖神」（市指定）という案内板がある。足を止めて見上げると、丘陵山際に県内唯一、否、全国唯一かも知れない特異な「道祖神」が据えられている。

　道祖神には、「文政六年（1823）六月吉祥日」と陰刻した造立年の銘があり、高さ60cmの舟形光背に浮彫した像高23cmの女子像、男根の長さ16cm、蓮台最大幅36cm、光背最大幅27cmの大きさである。娘が男根をしかと胸に抱いた全く嫌らしさのない姿態に驚嘆させられる逸品である。

上三依の男根を抱えた道祖神

　今では国道121号と400号を利用して尾頭トンネルを潜って塩原方面へ容易に向かうことができるが、往時は険しい尾頭峠を越えなければならなかったから、この峠への旧道に遺る道祖神は、道中の無事を祈る貴重な文化財といえよう。それにしては何故、男根を胸に抱いた娘像であ

尾頭峠へ向かう旧道

旧道沿いの山際の道祖神

るのだろうか。道祖神は旅の神、道の神、境を守る神、悪魔を追い払う神のほかに、子どもを守る神、子どもを授かる神でもあったからであるかも知れない。

　長野県・山梨県・群馬県などには、男女二神（双神）の接吻・抱擁・交合像などがあるが、上三依の道祖神のように、男根を抱いた女子像は他に類例を知らない。貴重な石造物として特記されよう。

② 日蔭（ひかげ）の 双体道祖神

日光市日蔭（ひかげ）（旧栗山村（くりやまむら））

　川治（かわじ）温泉街方面から県道23号（川俣温泉川治線）を西進して日向集落を過ぎると、日蔭集落に差しかかる。日蔭集落の外れから0.4kmほど進

むと、県道の左側に大きな水路用の土管が数個置いてある。対する県道右側に空家があり、空家前の庭に車を停めさせていただき、山裾の土管の脇から少し上ると、「日蔭の双体道祖神」がある。

　昭和47年（1972）初秋、民俗学の尾島利雄氏（故）から、「縄文遺跡を求めて黒部ダム方面に行くなら、その手前の日蔭に数少ない双体道祖神があるから、門外だろうが一応見ておいたらどうだ。東武バス停〝倉田木工停留所〟左側の路傍にあるよ」といわれて訪ねたことがある。

　あれから50年近く過ぎた今回（令和2年12月）、撮影し直しのためこ

日蔭の双体道祖神

の地を訪ねたが、付近の景観は変貌し、加えて双体道祖神はなかった。

日向の双体道祖神（斉藤家の墓地内）

日向の双体道祖神（斉藤家の墓地内）

訊ねようとしても全く人影はない。県道の拡幅によって他に移されているかも知れないと、土管脇の山裾から少し上って平坦な地を歩いてみたら、あった。だがかつての鮮明な道祖神は、後述する鹿沼市粟野地区のものと同じように、ほとんど全面に苔が生し、さらに風化して摩耗し、詳細な観察はできなかった。

それでも台座を含めた総高は65cm、男女二神を半浮彫した舟形光背の高さ38cmで、互いに手を握り合っている様子が辛うじてわかる。造立年代は不詳であるが、江戸時代後期のものであろうか。

日向から日蔭に向かう途中、県道23号の左側に気になった墓地があったので、日蔭からの帰路、ここに立ち寄った。ここは栗山中学校（日向）の西方1.4kmの所で、日向集落外れから0.6kmほどの地で、斉藤家の墓地である。墓地の入口に双体道祖神3基（うち1基は崩れている）があった。1基は日蔭の双体道祖神に酷似しているが、いずれも苔が生して不鮮明であることを付記しておきたい。

③ 上伊佐野の
金精神

矢板市上伊佐野

　矢板市街方面から県道30号（矢板那須線）を北上し、旧上伊佐野小学校の手前から北西に約4kmほど進むと、山縣有朋記念館前に突き当たる。ここを左折して少しほど西進すると、右側に旧住友ミュージアムがある。この入口に「金精神社→400m」という案内標示があるので右折し、少し進むと私有林となり、入口にロープが張ってある。この手前の左側に車一台が停められるところがあるので、取りあえずここに停める。

　それにしても私有林であるので、一言断って立ち入るべきだが、付近に人家がないので入山の許しを得ず

　に勝手にご勘弁願うことにする。

　ところが、ロープ左側に大きく「クマ〈出没注意〉」という、矢板市商工林業観光課の看板が目に飛び込む。ひどくびびったが、ここまで来たので危険は覚悟の上で「金精神」を目ざして上り坂の山道を進むと、左折して進むよう案内標示がある。これに従って進むと、間もなく金精川に架かる簡単な木の橋がある。

　橋を渡ると、一対の石燈籠がある。その奥に「金精神社」というから社殿か祠があるのかと見回したがない。やや平坦な一角に、大きな自然石に「金精神」と雄々しく陰刻した文字塔があった。どうやらこれが

上伊佐野の金精神

「クマ出没注意」の看板

ご神体で、地元の里人が「金精神社」と呼んでいることがわかった。塔に

ご神体の金精神

石燈籠の宝珠が亀頭

は「文化十四年 丁丑三月吉日 田野原村講中」という銘が刻まれている。「文化十四年」は1717年、田野原村は現在の矢板市田野原である。

　「金精神」塔の前には、造立年不詳の石製男根1基、木製の男根数基が奉納され、木製の最新奉納は「平成九年(1997)」で、「奉納 部落一同」と刻まれている。木製だがかなりリアルに陰茎基部の左右に、一対の睾丸を添えたものもある。まさに金精神は性神のことである。

　「金精神」塔の近くには、古びた壊れかけた長椅子が二、三列に並んでいる。これは古くから近年まで、毎年木製の男根を奉納して、ここで厳かに祭礼が行われていた証である。だから地元ではこの一角を「金精神社」と呼び、すぐ脇を流れる水源に近い金精川は、この金精神に由来して川名になったことがわかる。

　さらに驚いたことは、先ほどの一対の石燈籠である。別項で触れるように(93ページ)、石燈籠は基礎・竿・中台・火袋・蕨手の笠、その上に請花・宝珠(「ほうしゅ」とも)を戴く構造だが、ここのは最上部は宝珠ではなく、堂々たる男根の亀頭を象ったものである。これは県内唯一のものであろう。これらのことから

一般的な呼称の道祖神とはいわずに、「金精神」・「金精神社」と呼んでいることがよくわかる。

それにしても今にも「クマ」が出没しそうな「金精神」周囲の雰囲気、運よくクマに出会わずに下山できたのは、「金精神」の威力によるご利益かも知れない。

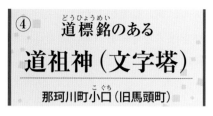

④ 道標銘のある
道祖神（文字塔）
那珂川町小口（旧馬頭町）

喜連川方面から国道293号を東進して那珂川町に入り、那珂川に架かる平成橋を渡って進むとＹ字路に「北向田」信号がある。ここを左折して0.7km弱ほど北西進すると、小口川の橋を渡ったところに「小口」信号がある。道標銘のある文字塔

「道祖神」は、この信号すぐ先近くの左側にあるので、山本屋旅館の前庭に車を停めさせていただく。

この「道祖神」は、大きな自然石に深く彫り込んだ文字塔（高さ1.3m）で、台座（高さ約40cm）の上に立っている。「道祖神」の文字と「右」「左」の文字は、彫りが深いのではっきりわかるが、行先を示す文字は彫りが浅く風化摩耗しているので判読が難しい。そこで『馬頭町史』（平成2年刊）によると、次のようである。

「道祖神」と彫った下には、「文化十三年八月」（1816年）と造立年月を示し、

道標銘のある文字塔道祖神

右　　すさき 三り　うんがんじ
　　　三り半　やみぞ 七り
左　　さらど 壱り　おおたわら
　　　五り　しおばら 十二り
　　　下野那須郡小口村大森元昌

「すさき」は須佐木、「うんがんじ」は雲巌寺、「やみぞ」は八溝、「さらど」は佐良土、「おほたわら」は大田原、「しおばら」は塩原のことである。

　さらに文字塔の裏面、左右に案内文字が見られるが、筆跡に違いがある。これは建立以降、道路の改修や路線の変更などによって、案内標示が適当でなくなり、

南　　馬頭 一り　烏山 三り　太田
　　　十三り　水戸 十五り
北　　奥州　くろばね 三り　阿し
　　　の 七り　志ら川 十二り
西　　喜連川 三り半　宇都宮 九り
　　　半　日光 十五り

と新たに刻み込まれている。「くろばね」は黒羽、「阿しの」は芦野、「志ら川」は白河のことである。

　道祖神は「塞の神」ともいわれ、悪霊などが入り込まないように防ぐために祀られた神が本来の意であった。このため多くは道路の辻、村境、峠などに奉祀され、外来の邪悪なものを塞る神であったので、旅の安全をもつかさどった。

　これを踏まえて考えると、この「小口」に道祖神が道標銘を刻んで建立したことは、最も意に適った地といえる。平成23年(2011)3月の東日本大震災のさい、那珂川に架かっていた国道293号の「新那珂川橋」が崩落して流され、今以て復旧されていないので、小川方面から小口、小砂方面に向かうときは、平成橋を渡って「北向田」で左折し、この道祖神のある「小口」信号の所を右折して進まなければならい。まさに「小口」信号付近は交通の要所であった。

　それにしてもこの道標銘を刻んだ道祖神は、往時の隣村をはるかに越えた、日光、白河、水戸方面までの里程を示しているのは、極めて異例のことといえよう。

⑤
石原の
道祖神
那須烏山市下 境 字石原 (旧烏山町)

　烏山市街から国道294号を南下すると、龍門の滝方面からの道と交差する。その角に「ファミリーマート」があるので、ここで左折して道なりに進み、那珂川に架かる「下野大橋」を渡って進むと、「尼寺下」で県

道27号（那須黒羽茂木線）に合わさる。ここから県道を0.6kmほど南下すると、左側（東側）に「下境簡易郵便局」がある。郵便局から60mほど進んで左折し、0.3kmほど進むと、山際近くの三叉路角に「石原の道祖神」（市指定）がある。

道祖神を雨雪から保護するため、質素な屋根を4本の木柱で支え、手前の左右2本の柱に、薄板に「まさぐりて　縁も近しや　道祖神」、「子さずけの　願いあらたか、三夜塔」の二句を記し、貼りつけてある。

ここには男根を象った10基ほどの道祖神があるが、中には五輪塔の空・風輪を亀頭になぞらえて、凝灰岩を削り取って凹ませて陰部としたところに、はめ込んだものもある。また、道祖神群の左側には廿三夜供養塔、右側には大小の石を重ねて男根としたのか、あるいは陰陽石に見たてたものかも知れない自然石が配されている。

上記の句に詠まれている「三夜塔」とは、「二十三夜塔」のことで、「三夜さん」とか「三夜様」「三夜待」ともいわれ、旧暦の二十三日夜の月待ちを拝する信仰である。この道祖神群の左側に文字塔「廿三夜供養塔」が配されているのが面白い。「享和二壬戌年（1802）十月二十三日造立」の銘がある。

二十三夜はひたすら精進し、同衾（男女が枕を共にすること）を忌むのであるが、三夜待に参加する人たち（二十三夜講中）は、大半が女性のみの講である。この石原の場合、道祖神と一緒に祀っているので、女性特有の子授け、安産、育児、下の病などを願いながら、この時だけはわいわい飲食しながら、女性だけの気楽な一時を楽しみつつ、月の出を待ち、夜を明かしたのであろう。

石原の道祖神

⑥ 子宝神社の
陰陽石
───────────────
高根沢町上高根沢

子宝神社は、安住神社（高根沢町上高根沢）の神門（朱塗りの明神大鳥居）の近くに、境内社として存在する。訪ねるさいは、県道64号（宇都宮向田線）と県道156号（石末真岡線）が交差する「上高根沢」信号から、真岡方面へ向かってわずか0.3km進むと、「安住神社」への案内標示があるので右折し、0.25kmほど西進すれば左側（南側）に、神社専用の大駐車場がある。

先ずは安住神社の本殿（県指定）に参拝し、ここから神門に向かって進むと、右側に「子授け祈願」の幡が靡いているので、そこを少し進めば子宝神社である。神社といっても

ご神体を祀った社殿・祠があるわけではない。狭い神域に「陰陽石」が

子宝神社

子宝神社のご神体陰陽石

55

配されているにすぎない。左側に男根を象った陽石、右側に石皿のように凹めて女陰を象った陰石が置かれているだけである。強いていえば、この陰陽石がご神体であろう。

通常の神社のご神体には、触れることはできないが、この陰陽石は安産・子授けを祈願するものであるので、授かり石の先端を撫でるとご利益があるといい、近年、特に子授けを願う女性の参拝者が多いという。このため安住神社では、「夫婦円満・子宝」のお守り、「安産」祈願のお守り、母子一対の「胎児」のお守り（出産したとき母親と片方を赤子に持たせる）などを用意しているので、社務所へ立ち寄って欲しいという。

⑦ 上後郷の
道陸神
茂木町上後郷

四周を山で囲まれた山間地の上後郷は、茂木町の北西部に位置し、この地を訪ねるときは、茂木市街の茂木駅入口から北進し、市街北端の「大町」丁字路を左折して進み、坂井川に架かる橋を渡ってすぐの丁字

上後郷

上後郷の道陸神

路を右折、ここから小井戸まで進んで丁字路を左折して進めば、上後郷まではもう近い。

上後郷に入って少し進むと、左側に「上後郷道陸神」の旗が掲げられ、道路沿いに「道陸神」由緒の案内板があるので、この近くに車を停めればいい。木造の鳥居と祠は、いかにも道陸神に似合ったものだ。鳥居をくぐると右手前に、ここでは最も大きな石造の男根（高さ65cm）が据えられている。祠の前付近には木製の男根が多く、石造のものは少ない。

上後郷の道陸神小堂

造立年は不明だが「双体道祖神（そうたいどうそじん）」が祠に向かって右側前にある。

双体道祖神

石造の男根（道陸神）

この双体道祖神は、安山岩に見事に陽刻したもので、右側の神が左側の神より背がやや高く、右手を左側の神の肩にまわしているので、右側が男神、左側が女神であろう。そして男神の左手と女神の右手を重ね、男女両神が優しく微笑んでいる様は、いかにも睦まじく一心同体という感じのする逸品である。ただこれまで県内で見てきた双体道祖神に比べると、こんなに精巧であるのに、全く研究者の目に触れられていないのが何とも不思議に思われる。彫像年代不詳だが、近年になってからの造立であろう。

⑧ 馬門（まかど）の 金性大名神（こんせいだいみょうじん）

茂木町馬門（まかど）

茂木市街から国道123号（茂木街道）を東進し、「塩田（しおだ）」信号を過ぎて進み、馬門に入ると間もなく左側（北側）に、馬門地区コミュニティーセンターに接して馬門稲荷神社（いなりじんじゃ）がある。ここから0.2km先に最初の信号がある。この信号から0.1kmほど進むと、左側に茂った木々に囲まれて、「金性大名神」碑がある。何

とも不可解な表記である。「金精大
名(明)神」とすべきであろう。

　ともあれ、この「金性大名神」
は、元はこの国道から東へ向かっ
て2kmほど坂道を上った馬門字登
谷という高台にあって、宮下家の氏
神「金性大名神」として祀られてい
たが、東部開発(現・モビリティリ
ゾートもてぎ)によって、平成8年
(1996)10月、現在の国道沿いに移
され、鞘堂内に男根を象った陶製1
基を囲んで、石造・木造など6基の
男根が安置されている。

金性大明神

⑨　舟戸の
道祖神
芳賀町西水沼字舟戸

宇都宮方面から国道123号を東進

舟戸の道祖神

馬門の道祖神群

舟戸の道祖神

し、「鎧山(こてやま)」信号を過ぎて進むと、左側に清原東小学校がある。ここから1.5kmほど進むと、左側に「吉野工業所」がある。ここは宇都宮市に接した芳賀町の西端で、少し進むと下り坂(舟戸の坂)となり、左側に慈照寺(じしょうじ)(天台宗)入口の標示がある。この手前を右折したすぐの右側角に簡素な鳥居がある。駐車場はないので適当なところに車を停め、少し高台(宝積寺(ほうしゃくじ)台地の東端部)にある鳥居を潜った先に、廃墟同然の祠(ほこら)がある。

　この祠の裏側に「道祖神」4基がある。地元では「舟戸(ふなど)の金精神(こんせいじん)」と呼んでいる。男根を象ったものを祀った神で、縁結び・出産などに効験があるとされ、古くから信仰されていた。

　字名「舟戸(フナド)」の地名は、道の分岐点「フナト(岐)」に由来するものと解される。

　この分岐点は、ムラ(村)などの境界・辻であるので、境界内に入ろうとする種々の邪霊(じゃれい)・禍災(かさい)の侵入を防ぐ神として道祖神が祀られ、また、旅の安全を図ると信じられた道路の神でもあった。したがって、この「舟戸」という地名は、「道祖神」、「塞の神」と同じ意味をもっていたが、本来の道祖神・塞の神から逸れて、雄々しい男根から縁結び・出産などに効験があるとして、「金精神」として信仰され、「舟戸」という地名となったことは貴重なものといえよう。

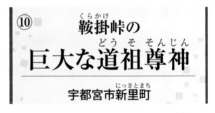
⑩ 鞍掛峠(くらかけ)の
巨大な道祖尊神(どうそそんじん)
宇都宮市新里町(にっさとまち)

宇都宮市新里町と日光市猪倉(いのくら)(旧

鞍掛峠の巨大な
道祖尊神

59

今市市）との境界をなす鞍掛峠は、鞍掛山（492.4m）北東方の鞍部に位置し、鞍掛トンネルが開通する以前は、県道22号（大沢宇都宮線）がこの峠を越えていたが、今はすっかり廃道となり山道と化してしまった。

　この旧道の鞍掛峠に男根を象った巨大な「道祖尊神」がある。ところが馬鹿者がこれに悪戯書きをしたので、今では鞘堂の中に安置され保護されている。安山岩製のこの道祖神は、高さ1.6m、径0.5mという巨大なもので、表面に「道祖尊神」と大きく文字を刻み、裏面に「天保十年三月」（1839年）造立の年月を陰刻している。県内のあちこちに男根を

鞍掛峠の道祖尊神

象った道祖神はあるが、難所の峠路傍に据えられ、これほど道祖神の役目をしっかり果たしてきたものは少ないであろう。

　道祖神は、一般にサイノカミ（塞の神）と呼ばれ、また道陸神ともいわれる。元来、防障・防塞の神であり、外から襲い来る疫神（疫病を流行らせる神、疫病神）・悪霊などを村境や峠などで防障する神であるが、これに行路の神・旅の神なる道祖の信仰も加わって、さまざまな性格を習合されるようになった。これらの習合された性格を最もよく示しているのが、この鞍掛峠の道祖尊神であるので、「市史跡」に指定して欲しいと願っている。

　鞍掛峠越えの旧道は廃されたが、ここを訪ねるときは、新里方面からの山道は紆余曲折した急坂であるのでこれを避け、猪倉方面からの山道は比較的直線的で峠まで近いのでこれをお勧めしたい。

⑪　幕田町の道標
安産稲荷道
宇都宮市幕田町

宇都宮市立 姿川第一小学校の南

幕田町の道標
安産稲荷道

方0.7kmほどの地、旧栃木街道沿いの少し入り込んだ兵庫塚へ向かう丁字路角に、道標「安産稲荷道」がある。この道標近くには、戊辰戦争で戦死した旧幕府軍側の兵士17人の「戦士死十七名霊」と刻んだ墓碑もある。

「道標」は高さ1.1m、最大幅30cmの長方形を呈し、嘉永2年(1849)に建碑されたもので、碑の左側面に「ひがし是より8丁」と、安産稲荷神社(兵庫塚町)への道程を陰刻している。

神社への「ひがし是より8丁」の道筋付近は、今は住宅街と化して複雑になっているので、神社へ直行する場合は、国道121号の栃木県総合運動公園近くの「兵庫塚入口」交差点から、兵庫塚街道を0.5kmほど南下すれば、右側に神社の鳥居があるので、この道順が最もわかり易い。

安産稲荷神社

安産稲荷道の道標

境内の道祖神

神社のキツネ神使

だが、帰路には是非「道標」を訪ね
て欲しい。

「道標」には、次のような道案内
が陰刻されている。

南　はりがひ　こやま　いしばし
　　　上三川

東　すずめ　よこた　石井　のぶ

北　にしかわだ　おほや　うつの
　　　みや　たげ

[註]　はりがひ（針ヶ谷）・こやま（下野
市古山）・いしばし（石橋）・すずめ（雀宮）・
よこた（横田）・のぶ（芳賀町下延生。城興
寺＝安産・子育て守護の延生地蔵）・にし
かわだ（西川田）・おほや（大谷。大谷寺・
うつのみや（宇都宮。二荒山神社）・たげ

（多気不動尊）。

　また、「道標」の右側面には、「此御社
（安産稲荷神社）を再建し　子孫長久の
為安産を祈りしに　いとむしならんこと
を願うに　利益空しからず　故に年を重
ねて遠近の信者歩を運ぶ事　今尚少なか
らず　依って此の一基を道しるべと建て
人を導くしるべとなすなり」と、陰刻して
いる。

　社伝によると、天喜元年（1053）、京都
の伏見稲荷大社の分霊を勧請して創祀し
たといい、「稲荷神社修復趣意書」に本
殿は文化14年（1817）に建立し、明治7年
（1874）に兵庫塚惣鎮守に昇格したと記し
ている。祭神は倉稲魂命であるから、
五穀をつかさどる神であるが、キツネ（狐）
を稲荷神の使いとするので、本殿前にキ
ツネ一対が配されている。

　当社は古くから「安産稲荷神社」と通称
されている。伝承によると、宇都宮貞綱（8
代城主）の本妻が難産のおり、貞綱をはじ
め家臣たちは、必死になって当社に祈願し
たところ、霊験あらたかで無事に男の子
を出産したところから、以後、「安産の神」
として崇められ、このため遠方からの参拝
者の便宜を図って、主要道路であった栃木
街道沿いに「道標」を設置したという。

　社殿に向かって右前に男根を象った道
祖神2基がある。うち1基は高さ約60cm
の大きさで、造立年代は一部摩耗してはっ
きりしないが、天保4年（1833）のものら
しい。この男根はもと栃木県総合運動公
園辺りにあったものを、太平洋戦争後、

ここへ移して奉納したものといわれている。当社が「安産の神」として崇められているので、地域住民が神社境内に奉納、安置したのであろう。

花岡・村井境の道祖神

⑫
花岡・村井境の
はなおか・むらい
道祖神
鹿沼市花岡町・村井町
はなおかまち・むらいまち

東武日光線の新鹿沼駅の西口前から下日向（鹿沼市）方面へ向かって1.7kmほど西進すると、道沿い右側に屋根で覆われた木囲いがある。そこに「道祖神」と大きく陰刻した文字塔と数個の男根がある。

ここは「皐月ゴルフ倶楽部鹿沼コース」のある丘陵の北端に位置し、花岡町と村井町との境をなす緩やかな峠で、地元では道祖神峠と呼んでいる。この峠に数個の男根は古くか

花岡・村井境の道祖神

らあったようだが、大きな文字塔は「昭和五十年三月吉日」（1975年）に造立されたもので、総高1.5m（台座35cmを含む）である。

この道祖神は、確かに塞の神として、村境、峠の道端にあって、悪疫などの侵入を防ぎ、村人を守る神、旅人を導き安全を祈る神としての古来の性格はもっているが、敢えて昭和50年に造立して祀っているのは、子どもたちを含めた交通安全に主眼をおき、さらに少子化の時代であるので、道行く人たちの良縁を願っての造立と思われる。造立者の切なる願いを成就して欲しいものである。

⑬
半縄の抱擁した
はんなわ・ほうよう
双体道祖神
そうたいどうそじん
鹿沼市上粕尾字半縄（旧粟野町）
かみかすお・はんなわ・あわのまち

県道15号（鹿沼足尾線）沿いの上

粕尾郵便局前からおよそ1kmほど
足尾方面に向かって進むと、半縄の
集落に差しかかる。「半縄」バス停
近くから左折して思川に架かる橋を
渡り、旧道の山路を少し進むと、左
側に人家がある。この人家に対する
右側（西側）の急傾斜な山腹に「半縄
の双体道祖神」（市指定）がある。

　この道祖神は、台座の高さ15cm
を除くと、舟形光背の高さ52cm、
神像そのものの高さ34cmで、よく
まとまったものだが、ひどく苔生し
て、上半身は何とか抱擁している姿
が見られるが、下半身はほとんど
はっきりしていない。早く保護策を
講じないと、益々ひどくなってしま
うだろう。

　神像の左側に「安永八 己 亥十月
吉日」と刻まれているので、1779年
の造立である。うっすらとした着衣、
若々しい顔立ち、そして互いに腰辺

半縄の双体道祖神

りをしっかり抱き寄せ合った男女和
合の姿は、道祖神本来の役割りであ
る悪霊などの防禦とは、およそ縁遠
いものであり、ある種の良縁、和合
の神といったものを感じさせる逸品
である。

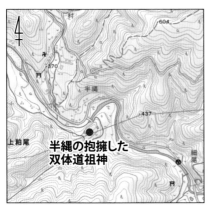
半縄の抱擁した
双体道祖神

[付記]　思川沿いの鹿沼市（旧粟野町）上
粕尾・中粕尾地区には、発光路（明和元
=1764年）、半縄（安永8=1779年）・（文化
14=1817年）、細尾（天保5=1834年）、栃
原（文化4=1807年）、加戸（寛政4=1792
年）、笠丸（年代不詳）、馬置（年代不詳）の
8基と、これらとは離れた深程（年代不詳）
に1基、都合9基の双体道祖神がある。

　昭和47年（1972）2月、入試校務が終
わったので、気晴らしにこれらの双体道

64

祖神を探訪したときは、かなりしっかり
した神像であったが、あれから半世紀近
く経った令和3年3月、これらを探訪して
失望した。いずれもひどく苔生して、神
像の細部は観察できなかった。

細尾の双体道祖神

⑭ 細尾の手を握る
双体道祖神
鹿沼市上粕尾字細尾（旧粟野町）

　鹿沼市口粟野方面から思川に沿っ
た県道15号（鹿沼足尾線）をひたす
ら足尾方面に向かって西進し、県道
左側の上粕尾郵便局を目ざして進
む。「細尾の双体道祖神」（市指定）
は思川を挟んで郵便局の真南対岸に
ある。郵便局の少し手前を左折して
思川に架かる橋を渡ると、すぐのと
ころに「粕尾コミュニティセンター
上粕尾分館」がある。ここへ車を停
め、近くの民家の庭先をお借りして

細尾の手を握る
双体道祖神

思川右岸沿いを進むと、対岸の郵便
局が真北に見えるところ、あまり陽
の当たらない崖下に双体道祖神はあ
る。
　位牌形光背（高さ50cm）に男女二
神を浮彫し（像高約30cm）、「天保
五年（1834）八月吉日」の造立年を刻
み、像の足下に「落合」と陰刻され
ているが、人名、地名のいずれかは
不詳。男女二神はそれぞれ米俵と思
われる上に載っており、右側の男神
が右手で左側の女神の左手を握って
いるが、風化がひどく苔が生して、
細かなことを確かめることが難しい。

⑮ 板倉神社の
いたくらじんじゃ
石棒
せきぼう

足利市板倉町
いたくらちょう

足利市街方面から県道67号（桐生
岩舟線）を西進し、JR両毛線小俣駅
いわふね　　　　　　　　　　　おまた
の手前約2kmのところを右折して、
県道219号（松田葉鹿線）を3kmほ
はじか
ど北東進すると、左側に工場「トリ
タネーム」があるので、この付近か
ら左折してくねった道を0.3kmほ
ど進むと、板倉神社の前に至る。

神社本殿の裏に屋根に覆われた囲
いがあり、ここに縄文時代中期ころ
と推定される「石棒」（県指定）が保
存されている。石質は緑泥片岩であ
りょくでいへんがん
る。指定者は神社付近にある縄文時
代中期～晩期の「中の目遺跡」から
なか　め
出土したものではないかと考え、「縄
文時代後・晩期には小型の石棒は多

板倉神社の石棒

いが、これほど巨大なものは県内で
は極めて少ない」ことを県指定（昭
和34年11月）の根拠にしたようで
ある。

確かに全長1.57m、中央部の周り
0.45mは大きいが、石棒の両端の亀
頭部が半壊しており、県指定にする
ほどのものではない。これを指定す
るなら、むしろ旧烏山町（那須烏山
市）興野字貝沼出土の緑泥片岩製の
きょうの　　かいぬま
石棒（宇都宮大学蔵）を指定すべき
であったろう。これは縄文時代中期
のもので、全長1.55m、欠損箇所が
全くなく、両端が亀頭状を呈した立
派な石棒である。

ともあれ、板倉神社の石棒で滑稽
なことは、地元の方々がいつの間に
か、石棒を男根崇拝の一種と考え、
大きな自然石の中央部を凹めて女陰
に見たたものを持ち込み、石棒と一
緒に展示していることである。しか
し縄文時代人が、石棒を男根崇拝の

ものとして造ったことを考え合わせると、現代人が男女の縁結び、出産、婦人病などに効験があるという「金精神」として造り祀ったことと無縁ではなさそうである。

　確かに縄文時代人は、男根（石棒）を奔馬の如く逞しいエネルギーへの驚嘆と崇拝をこめて祀り、土偶（素焼きの土製人形）は妊娠で代表され

る生命の神秘への畏敬と憧憬を素直に表現したものである、という考えは確かであろう。板倉の地元民が神社へ祀った石棒の脇に、女陰形の自然石を添えたことは滑稽ではあるが、縄文時代人の信仰をそのまま蘇生復活させたようで、時代が変わってもその底流にある本質は、少しも忘却していないように思われてならない。

人工の「石造物」ではないが、奇岩「御前岩」(町指定、那珂川町大山田下郷) を敢えて取り上げた。この奇岩(自然石)についての伝承は、先人たちが勝手にさまざまなことを連想して説話を作り上げ、それを後世に伝えているもので、「水戸黄門」こと徳川光圀の名までも説話の中に引きずり込まれている。

「御前岩」は、大山田下郷地内を流れる武茂川左岸の奇岩である。ちなみに「御前」とは、高貴な人の妻の敬称奥方の意、女性を敬っていう「午前様」から、奇岩が余りにも陰部に似ているので、「御前岩」と呼称されたのであろう。

ここを訪ねるときは、駐車場のある「御前岩物産センター」を目印にするとよい。「御前岩」は物産センターの対岸近くにあるので、案内標示に従って武茂川沿いの遊歩道を少し進めばよい。

物産センター内では、八溝ソバを使った風味のある粗挽き・中挽き・細挽きの3種類を挽いた如何にも「田舎の味」の七三ソバが食べられる。

奇岩「御前岩」は、自然の悪戯とはいえ、女性の陰部を思わせる巨岩であるので世に喧伝され、「見学者が後を絶たない」と、地元のおばさんが笑っていた。確かに武茂川の対岸に聳え立つこの奇岩の上部に茂る雑木と雑草は、恰も陰毛のような生え方をし、まことに奇妙な形状を呈している。

武茂郷(旧馬頭町)は、下野国であ

自然の悪戯
「御前岩」●

武茂川左岸の御前岩

りながら水戸藩領であったので、2代水戸藩主徳川光圀は、西山荘（現・茨城県常陸太田市新宿町）に隠居後も含めて、寛文3年（1663）10月を初回とし、元禄13年（1700）8月まで9回、武茂郷を巡村しているので、「御前岩」に関わる説話の中に登場する羽目となった。

説話によると、光圀は女陰に酷似した奇岩を見て驚き、「隠すべきを隠さないのは不可、通行人の目障りとなり風紀を乱すもの」といって、里人に武茂川の対岸に竹を植えさせると、この竹やぶを人呼んで皮肉にも「腰巻竹」といったという。

また、御前岩の割れ目から流れる水は、毎月一度赤く濁るといい、『馬頭町郷土誌』（馬頭町編、昭和38年刊）・『馬頭町の民話』（馬頭町編、昭和48年刊）などによると、「割れ目から滲み落ちる赤水（渋水）を汲み、湯に沸かして浴すると、身籠もると信じて、これを行う風習が往時にはあった」といい、さらに「かつては御前岩の傍らに

武茂川右岸の腰巻竹

この水の湯場があった」と記しているから、月に一度赤く濁るのではなく、多く流出していたのであろう。

この奇岩は花崗岩であるが、「中央の割れ目はうっすらと桃色を呈し、上部の小穴から滴り落ちて、割れ目全体をしっとりと潤い、その水滴が月に一度赤くなる」という伝承は、さらに尾ひれがついて、「いつしか馬頭町大内字宮脇の戸隠神社サイマロ渕にあるオンマラサマという男根石（現在は形状を示していない）と相思相愛の仲となり、御前岩の月のものは止まってしまった」という。所謂身籠もったという説話を生んでいる。

さらに話は発展し、戸隠神社の裏を流れる大内川のサイマロ渕には、かつて男根の形状を呈した奇岩があって、奇岩の岩盤下の岩穴が御前岩に通じていたという。勿論事実ではない。恐らく渕になっているため、水によって岩が抉られていたのであろう。だが里人は陰陽の理を両者に合わせ、御前岩の崖上に祠を建て、両者を祀っているのが面白い。明治時代中ごろの洪水によって、サイマロ渕の男根が崩れ落ち、その姿は今に留めていないが、その悲しみのあまり、「今まであった御前岩の霊水には、月ごとの変化が見られなくなった」と伝えられ、この男根と女陰石は、ともに下の病に霊験あらたかとして信仰されてきたという。

社寺に関わる「石造物」

(四)①

(四)③　(四)④　(一)①
　　　　　(四)⑤

(四)②

コラム「浄光寺」

(三)①
　　(三)②
(二)①　(四)⑥　(四)⑧
(二)②　(四)⑦
コラム「与作稲荷神社」

(三)③　(四)⑩　(四)⑨
コラム「生子神社」　コラム「延寿寺」　コラム「馬門稲荷神社」
(三)④
(三)⑤　(四)⑪　(一)③　(一)②
(二)③
(四)⑫　(一)④　(二)④
(一)⑤
(一)⑥
(三)⑥

（一）神域を示す「石造鳥居（とりい）」

　神社を訪ねたとき、真っ先に目に留まるのが「鳥居」である。鳥居の多くは神社の参道入口にあって、注連縄（しめなわ）が張ってある。神聖な場所を画するためといわれているが、要は神域を示すもので、神聖、清浄な場所を示すために張り巡らされている（中には注連縄の張っていないものや、お粗末な形ばかりの注連縄もあるが）。

　「地図帳」には、神社を示す記号が示されている。しかし、この記号は似て非なるものである。そこで調べてみたら、「地図帳」の記号は、どうやら「靖国鳥居（やすくに）」を範としたものであるようだ。

　鳥居には木造・石造・銅造などがあり、近年は味も素っ気もない鉄筋コンクリート製のものまで造られている。拙著は「石造物」に限っているので、石造の鳥居を数点取り上げてみたい。本県の石造鳥居は江戸時代以降に建立されたものばかりで、その形状は「靖国鳥居」ではなく、「明神鳥居（みょうじん）」であることがわかった。（ちなみに日光東照宮は「明神鳥居」）。

　鳥居の構造は、種類によって多少の違いはあるが、県内に普遍的にみられる「明神鳥居」は、笠木（かさぎ）・島木（しまぎ）・貫（ぬき）・柱（円柱）・額束（がくづか）よりなり、柱の基部に亀腹（かめばら）・台石（だいいし）を置くのが普通のようであるが、亀腹を省いたものや、全くないものもある。

　蛇足だが、「鳥居」の語源説は『日本国語大辞典』（小学館刊）によると、「(1) 神に供えた鳥の止まり木の意。(2) 鳥の居やすい所の意。(3) 汚れたものを止める標であるところから、トマリヰ（止処）の義。(4) トリヰ（鶏棲）の義で、本来は笠木と貫との間をいった」などの説があるようである。

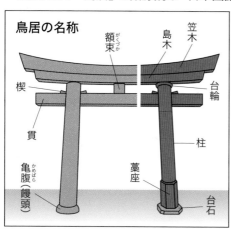

鳥居の名称

額束（がくづか）・島木・笠木・楔・台輪・貫・柱・藁座・亀腹（饅頭）（かめばら）・台石

① 玉藻稲荷神社の 鳥居

大田原市蜂巣字篠原（旧黒羽町）

黒羽市街方面から県道182号（東小屋黒羽線）を北西進し、2.5kmほど進むと「蜂巣十文字」信号がある。ここから県道を約1.5km進むと、右手（東側）に篠原公民館がある。近くに「玉藻稲荷神社」への案内標示があるので、ここを左折して西へ向かって0.5kmほど進むと神社参道前に着く。

玉藻稲荷神社は、創祀年代不詳だが、社伝（伝説）によれば、久寿2年（1155）、三浦介・上総介・千葉介が那須野に九尾の狐を狩し、のちにその妖霊をこの地に祀り、稲荷神社を建立したという。

「鳥居」は芦野石で造られた明神

玉藻稲荷神社の鳥居

鳥居で、左側の柱に「寛政十二 庚申龍集 四月 吉祥日建立」「華表寄進 大豆田村 礒又右衛門忠陸」と陰刻し、右側に私には判読できないが、「九尾の狐」伝説が刻まれているようである。

［註］ 寛政十二＝1800年 龍集＝紀年の下に添えて用いる。

華表＝中国・朝鮮半島では、陵墓などの前に建てられた2本一対の石柱を華表といった。日本に伝わったとき「とりゐ」と読ませたので華表＝鳥居となった。

なお、鳥居の左前に「源実朝の歌碑」（昭和50年2月建立）があり、次の歌が刻まれている。

　武士の　矢並みつくろふ　籠手の上に霰たばしる　那須の篠原

② 熊野神社の

鳥居

真岡市飯貝

　真岡市街方面から県道156号（石末真岡線）を北上すると、「飯貝」で国道121号と交差する。ここからさらに1kmほど北進すると、右側（東側）に「熊野神社入口」の標示があるので、ここを右折してわずか0.2kmほど進むと熊野神社である。

　神社の主祭神は、伊弉冉尊・速玉男尊・事解男尊の三神である。始めは箕輪山熊野大権現と称していたが、明治維新の神仏分離令によって熊野神社と改称した。熊野三社（熊野三山）の分霊を勧請して創祀したので、飯貝・京泉両村の大鎮守として崇敬されてきた。

　当社の鳥居は、寛文8年（1668）に

熊野神社の鳥居

建立された「鳥居」（市指定）で、後述する小山市の須賀神社の鳥居（75ページ）とさほど年代差のない近世前期の鳥居として注目されている。

③ 白鷺神社の

鳥居

上三川町上三川（しらさぎ1丁目）

　上三川町役場から東方近くの「普門寺」交差信号を左折して、わずか0.17kmほど北進すると、白鷺神社の門前である。

　主祭神は日本武尊。大己貴命・豊城入彦命・事代主命を配祀してい

白鷺神社の鳥居

る。創祀について諸説あるが、社伝の一説に、延暦2年(783)、当地方に疫病が大流行したとき、日本武尊の神託によって平松下野守が一祠を設けて疫病退散の祈願をしたところ、流行が止んだという。また、次のような俗説がある。

当社ははじめ鷺明神と称していたが、康暦2年(1380)、小山義政が上三川城を攻めたとき、明神の森に白鷺の群が現れ、高く低く飛び交う様を遠方から眺めた小山勢は、多くの白旗がなびくと見誤り退散したので、

白鷺神社の鳥居

以来、明神の加護によるものとその神徳を称え、白鷺明神に改めたという。

神社の西入口に、日光石で造られた「鳥居」(町指定)がある。宝永5年(1708)、猪瀬彦右衛門(古河の人)の寄進によるもので、もと神社参道の最南端(普門寺の東、寺町通りに入る北側)に、一の鳥居としてあったものを現在地へ移したものである。

④ 須賀神社の
鳥居

小山市宮本町1丁目

国道4号沿いの小山市役所南方近くに須賀神社がある。社伝によると、下野国の押領使藤原秀郷は、素戔嗚尊に戦勝を祈願し、平将門の

須賀神社の鳥居

乱を平定したので、天慶3年（940）、素戔嗚尊を祭神とする京都の祇園社から分霊を勧請し、北山の地（現・小山市中久喜）に祀ったのが始まりという。

平治年間（1159〜60）、北山の地から城山町（現・城山町2丁目）へ遷した。これが牛頭天王社（元須賀神社）で、小山氏から城の守護神として篤く信仰され、小山66郷の総鎮守であった。

慶長13年（1608）から元和5年（1619）まで小山城主であった本多正純は、小山城下の町割を行ったさい、牛頭天王社を現在地（宮本町1丁目）へ遷し、明治維新後、牛頭天王社を須賀神社と改め現在に至っている。

承応2年（1653）、小山町の旦（檀）那によって建立された「鳥居」（市指定）は、元参道に建立されていたが、道路拡張のため社域内の現在地へ移

須賀神社の鳥居

された。

鳥居には「天下泰平　国家安全　荘内豊饒　諸人快楽」を祈願した銘が刻まれている。この鳥居は島木をもつ明神鳥居で、高さ4.1mという規模の大きいもので、小山市内に現存する最古の石造鳥居であるばかりか、日光東照宮の4基の鳥居に次ぐ古さをもっているという。近世前期の石造鳥居として注目されよう。

⑤大川島神社の

鳥居

小山市大川島

小山市街方面から県道36号（岩舟小山線）を西進し、巴波川に架かる生駒橋を渡り、ここから0.45kmほど進むとバス停「大川島」がある。この先すぐ右折して北へ進む道が

大川島神社の鳥居

あるので、おおよそ0.5km進むと、大川島神社の「鳥居」（市指定）前に着く。

神社の主祭神は大己貴命。中世には惣大権現とか三庄惣社と称され、中泉庄・皆川庄・小山庄の惣鎮守的役割を担っていたようで、小山氏などの保護と崇敬を受けていた。明治時代初年に大川島神社と改称した。

鳥居は元禄4年（1691）に建立された明神鳥居で、笠木・島木・貫・柱・額束からなり、柱間2.8m、中心の高さ3.18mの大きさである。当時、大川島村を領していた旗本の戸田氏・朝倉氏が願主となって建立した鳥居には、江戸柳原の弥兵衛・善兵衛、栃木町の石屋三左衛門らの作者銘が刻まれている。近世前期の建立であるのに損傷がなく、作者銘がはっきり遺っているのは珍しい。

⑥ 乙女八幡宮の 鳥居

小山市乙女

小山市街方面から国道4号（日光街道）を南下し、JR間々田駅の「駅入口」から0.45kmほど進むと、左側（東側）に仏光寺がある。ここを右折して0.3kmほど西へ向かって進むと、八幡宮（乙女八幡宮）の前に至る。

乙女八幡宮の創祀年代は不詳だが、社伝では鎌倉時代といわれている。

当社には元禄16年（1703）建立の「鳥居」（市指定）がある。当社の別当寺（神社境内に建てられ、別当が止住し、読経・祭祀・加持祈禱とともに、神社の経営管理を行った寺。明治維新後に廃寺）の住僧舜誉が

乙女八幡宮の鳥居

願主となって建立したものであるが、施主として乙女河岸の船問屋青木主

水尉照朝と下館大町（常陸国）の有力商人高嶋中左衛門勝広、栃木町の石屋三左右衛門らの銘が刻まれている。これによって当社は、西方近くの思川左岸の乙女河岸で活躍した有力商人からも崇敬されていたことがわかる。この鳥居は島木をもつ明神鳥居で、高さ3.92mの大きさである。

（二）身を浄める「手水舎」

　私たちは社寺に参詣するとき、事前に潔斎を行うことは先ずないが、その代わり参拝に先だって、手を洗ったり、口を漱いだりをする。その施設が手水舎である。

　手水舎は、4本の柱に屋根だけの簡素な吹き抜けの施設であるが、古くは手を洗うことから「テミズ（手水）」といった。これが転訛して「チョウズ（手水）」になったといわれている。手水舎は、手水石、手水舟などともいうが、江戸時代後半になると、正面に「奉納」「御手洗石」「御宝前」「清浄」などと刻んだものが多く見られる。

① 船玉（魂）神社の 手水石
さくら市上阿久津（旧氏家町）

　上阿久津にある船玉（魂）神社は、阿久津河岸の近くにあって、船中の

安全を願い、河岸の繁栄を祈って、慶長15年（1610）、河岸の守護神として創建されたといわれ、佐田比古命を祭神とする。

　境内に「嘉永二年（1849）己酉九月九日吉辰」に、「阿久津村河岸惣船持中」が奉納したという銘のある

船玉（魂）神社の手水石

堂原地蔵堂の手水盤

「手水石」がある。一般的に見られる長方形の箱形を呈したもので、何の変哲もない手水石であるが、阿久津河岸の惣船持中が奉献したものとして特記されよう。

　また、当神社から0.8kmほどの北方の県道125号沿い右側（東側）の堂原地蔵堂（氏家字堂原）には、「天明三年（1783）癸卯正月」の銘のある手水盤がある。

② 智賀都神社の

手水舎

宇都宮市徳次郎町

　宇都宮市街から国道119号（日光街道）を日光へ向かって北上し、国道293号と交差する「徳次郎」信号から0.8kmほど進むと、右側（東側）に智賀都神社がある。神社の鳥居左

右に2本の大ケヤキ（県指定）がひときわ目に留まる。

社伝によると、宝亀9年（778）、日光三社権現（新宮・本宮・滝尾）を千勝森に勧請したのが創祀という。主祭神は大己貴命で、田心姫命・味耜高彦根命を配祀している。近世までは智賀都大明神と称し、徳次郎6カ郷の鎮守として篤く信仰

智都賀神社の手水舎を頭上で支える金剛神？

奥にも隠れた金剛神？が手水舎を支えている

されていた。

鳥居をくぐって本殿に向かって進むと、左側に「手水舎」がある。これを見て驚いた。横1.2m、縦0.6m、高さ0.4mの手水舎だが、今では珍しい徳次郎石（地元産）で造られた、一風変わった三体の忿怒の仁王のような大力をもった金剛力士像が、頭部で手水舎を支えている。このような手水舎は初めて見た。側面に文字らしいものが陰刻されているが、残念ながら風化摩耗して造立年などは判読できない。とにかく一見の価値のある手水舎である。

③ 本吉田八幡宮の
手洗鉢

下野市本吉田（旧南河内町）

JR小金井駅東口から県道44号（栃木二宮線）に出てしばらく東進し、田川に架かる坪山橋を渡って、ここから0.75kmほど進むと、県道35号（宇都宮結城線）と交差する信号「本吉田」がある。ここを左折して県道35号を0.9mほど北進すると、右側（東側）に本吉田八幡宮がある。

社伝によると、文治4年（1188）11月、小山朝政が鶴岡八幡宮（鎌倉）

本吉田八幡宮の
手洗鉢

指定）がある。鉢は四葉の蓮弁を象ったように彫りくぼめた形状を呈し、台座の上に載せている。台座・鉢を含めた総高約80cm、鉢の口径55cmの大きさで、台座に宝永元年（1704）、当八幡宮の別当宝徳寺（廃寺）から寄進された銘が刻まれている。

の分霊を勧請し、誉田別命を祭神としたという。また当社は小山城の北東に位置するので、一説には小山城の鬼門除けとして祀られたともいわれ、代々小山氏、またその流れをくむ結城氏によって崇敬された神社である。境内に特異な「手洗鉢」（市

④ 妙建寺の
盥漱水

小山市宮本町1丁目

国道4号沿いの須賀神社に接した北側に妙建寺（日蓮宗）がある。寺伝によると、建武元年（1334）、日蓮上人六老僧の一人日頂上人の弟子日念の開創という。

境内に「文政六 癸未（1823）正月吉日」銘のある「盥漱水」（手水舎）

本吉田八幡宮の手洗鉢

妙建寺の
盥漱水

妙建寺の盥漱水

脚部には遊女たちの名が刻銘されている

がある。側面に多くの寄進者名が刻まれ、その中に小山宿の遊女（飯盛女）たちの名前が含まれており興味深い。たとえば塚原幸女・越後屋幾女・土橋菊女などの名が見える。

　天保14年（1843）の調査によると、旅籠屋の数は日光道中では小山宿が最も多く74軒（大11・中27・小36）で、宇都宮宿の42軒をはるかに上回っている。旅籠屋といっても遊女（飯盛女）を置いて接待させる飯盛旅籠屋と、そうでない平旅籠屋があった。

　蛇足だが、飯盛女は宿場で旅人の宿泊や食事などに奉仕する女性で、下女として雇われたが、厨房の賄いではなく売春婦であった。飯盛女を置かない旅籠屋は客足が少なく、旅人は飯盛女のいる宿場へ行ってしまい、宿場が衰微するので、旅籠屋は積極的に飯盛女を置いた。

　このため元和元年（1615）に公娼制が敷かれて、飯盛女は私娼のため取締りの対象となったが、飯盛女のいる宿は繁盛し、揚代の一部が宿財政に繰り入れられるため、幕府は享保3年（1718）、旅籠屋1軒につき2人まで黙認した。また、妙建寺の「石燈籠」にも寄進者として遊女の名が見えるのは、小山宿繁栄の一端を示す資料といえよう。

（三）魔除け・神域守護の「狛犬」と「眷属」

　「狛犬」は、朝鮮半島を経て伝えられたので、「高麗犬」とも表記される。鳥居周辺の参道や本殿・拝殿の前などに配置され、一般的には二つの狛犬が一対として向き合い、一方が口を開け、他方が口を閉じる「阿吽」の形をとり、例外もあるが、いずれを雌雄と決めるのは難しい。

　本来、「獅子」と「狛犬」はそれぞれ一頭ずつ置かれ、口を開いた「阿形（ア）」が獅子で向かって右、頭に角一本をつけて口を閉じたのが「吽形（ウン）」の狛犬で向かって左に置かれたが、次第に混同されて、本来、獅子であった社前の像も犬に近いものとなり、狛犬と呼ばれるようになったといわれる。

　その姿は唐獅子（ライオンの異名）で、ライオンをモデルとしながら、現実離れした架空動物へと変身している。例えば、頭部に一本の角があったり、肉食動物であるのにすべて臼歯であったり、さらに体毛をカールし、ふさふさした馬のような尾の狛犬もみられる。

　本県の「狛犬」は、大半が江戸時代に造られたものである。仔細にみると誇張した姿態や醜怪な面相も見られるが、石工たちのさまざまな意匠や工夫の跡がみられ、特に「鞠をもつ狛犬」、「子育て狛犬」、「なで狛犬」、前肢をかがめ後肢を立てて「威嚇、または交尾の姿態とも思われる狛犬」などもあって、石工の腕の冴えがうかがわれて面白い。

　通常は「子取り」と「玉取り」で一対をなし、前肢で子どもの狛犬をあやしている子取り、鞠（玉）を抑えている玉取り、これを左右に配したものが多くみられる。しかし、境内を守護し、魔除けの狛犬であるので、怖い顔つきをしているが、改めて逐一眺めてみると、石工たちの腕前の差によって、狛犬の表情は千差万別であることに気づく。

　これらの狛犬は、外敵などの侵入を防ぐ「魔除けの霊獣」だが、稲荷神社では狐（キツネ）が「神の使い」として造られ、左右に対をなして配されている。神使にふさわしい顔つきをしているが、中には狼（オオカミ）の像なども造られ、威嚇している顔つきは怖い面相である。

　他県の例であるが、神社によっては三峯神社（埼玉県秩父市）の狼（オオ

カミ）、調神社（埼玉県さいたま市）の兎（ウサギ）、萩日吉神社（埼玉県ときがわ町）の猿（サル）、大原野神社（京都市）の鹿（シカ）などもみられる。これらの狐・狼・兎・猿・鹿などの神の使いは、狛犬と区別して「眷属」と称している。

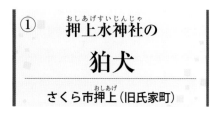

① 押上水神社の
狛犬
さくら市押上（旧氏家町）

氏家市街方面から県道62号（今市氏家線）を北西進し、「押上小学校南」交差信号を左折して2.2kmほど西へ向かって進み、東北新幹線の高架下をぬけると、この先すぐの右側（北側）に水神社がある。

押上は、鬼怒川の氾濫によって水害を被った地に由来する地名である。もともと鬼怒川左岸河原の「欠の上」に住んでいた百姓6軒は、洪水の度ごとに水害を被ったので、寛

文10年（1670）ころ、現在の街道沿いに移転し、押上集落が形成された。水神の水神社は、水害の恐れがあるため、明治41年（1908）8月、「欠の上」から現在地に遷されたという。当社の主祭神は水速女神である。

右側の子ども狛犬に注目

押上水神社の吽形の狛犬

84

境内に一対の「狛犬」がある。向かって右側の獅子は、口を開いた「阿形」の「子取り」だが、興味深いのは子どもの狛犬が、両手で鞠を抑えて口にしている。類例を見ない造形である。左側は口を閉じた「吽形」の鞠を抑えている「玉取り」である。比較的穏やかな面相で、肉づきが自然である。この近くに珍しい「月待供養塔」（七夜待本尊）と「庚申幸神碑」がある。別項で触れているので、是非見て欲しい石造物である。

② 人丸神社の 狛犬

さくら市松山新田（旧氏家町）

氏家市街方面から県道48号（大田原氏家線）を北上すると、「上松山小北」交差信号がある。ここを右

折してグリーンライン（塩谷広域農道）を0.6kmほど南東へ向かって進

人丸神社の阿形の狛犬

人丸神社の吽形の狛犬

んで左折し、0.45kmほど北へ進めば人丸神社前に着く。

　神社の創始年代は不詳だが、貞享4年（1687）の絵図面に、戸数10戸余があり、一社が記されている。寛永10年（1633）に新田村が生まれているので、その時の氏神、鎮守であろうという（『氏家の寺社と信仰』氏家町刊）。祭神は柿本人丸である。

　境内に一対の「狛犬」がある。邪を除け神域を守護するにふさわしい狛犬で、石工の腕の冴えがうかがわれる素敵な造りである。向かって右の狛犬は口を開けた「阿形」で、鞠（玉）を抑えた「玉取り」、左は口を閉じた「吽形」で「子取り」だが、子の造りが見事である。

　前記した押上水神社の狛犬と、この人丸神社の狛犬の「子取り」と「玉取り」の配置は、左右が異なっている。これによって左右のどちらに配置するかは、統一されていないようである。

③ 今宮神社の
狛犬
鹿沼市今宮町

　鹿沼市役所の正面入口のすぐ東

今宮神社の
狛犬

唐門前の阿形の狛犬

唐門前の吽形の狛犬

側に今宮神社がある。神社の参道入口は、白御影石の大鳥居の南方約0.4kmの麻苧町通りの中ほどにある。祭神は大己貴命・田心姫命・味耜高彦根命で、少彦名命を配祀し

ている。社伝によると、延暦元年（782）の創祀といい、大同年間（806〜10）に日光三所権現を勧請したと伝えている。

　唐門（県指定）のすぐ前の左右に、一対の「狛犬」がある。ともに肉づきがよく、やや肥満の態で、向かって右は口を大きく開いた表情が猛々しい阿形の獅子、左が口を閉じて不動の面構えをしている吽形の獅子である。ともに首をめぐる毛は巻毛とし、尾の表現も巻き込みを若葉彫刻風に豪華に意匠している。前肢を立て、後肢を据えて、いかにも魔除け・神域守護にふさわしい形相を呈している。

　本殿（県指定）の裏手に、境内社の一つ八幡宮の小祠（祭神・誉田別神）がある。祠の前に一対の小さな狛犬が左右に配されている。何の変哲もない狛犬のように見られがちであるが、これはともに狛犬と台石が一石に彫られたものである。右側の口を開いた阿形（ア）は完全であるが、左側の口を閉じた吽形（ウン）は口が欠けているのが残念だ。簡素な造りだが一石造りの狛犬であるのでここに紹介した。

④ 磐裂神社の

狛犬

壬生町上田

　磐裂神社は、国道121号と県道172号（上田壬生線）・県道3号（宇都宮亀和田栃木線）が交差する「上田」信号から3号をわずか0.3kmほど西進した右側（北側）にある。

　当社の創始年代などは不詳だが、主祭神は磐裂神・根裂神である。

　一対の「狛犬」の向かって右のものは、ほかにあまり例のないほど大きく口を開いた霊力を備えるにふさわしい、魁偉な風貌の「阿形」で鞠を抑え、左の狛犬は口を閉じた「吽形」で、前肢で子どもの狛犬をあやした「子取り」だが、子どもの狛犬を細やかに彫像しているので、注目して見ていただきたい。大正4年

磐裂神社の阿形の狛犬

吽形の狛犬

(1915) 12 月 15 日の造立である。

⑤ 水神社の（みずじんじゃ）

狛犬

栃木市西方町本 城 字新宿（旧西方町）
（にしかたまちほんじょう）（あらじゅく）

　水神社については、次項「石燈籠」で触れるので省略したい。

　小倉堰を守護する水神社の本殿前（おぐらぜき）の左右に、一対の「狛犬」がある。慶応3年（1867）6月に奉納されたも（けいおう）ので、台座に「材木荷主一統　西方（ざいもくにぬし）水車持一統　同酒 造 人一統　同郷（すいしゃもち）（しゅぞうにん）（ごう）中 一統」と奉納者の銘が刻まれて（ちゅう）いる。

　「材木荷主一統」とは、小倉川を利用して筏で材木を運び売却にあ（いかだ）たった人たち、「水車持」と「酒造人」は、水車で酒造米を精白した人たちのことで、「郷中一統」とは西方郷の百姓衆のことである。材木荷主・水車持・酒造人・百姓衆は、小倉川

88

を介在して相互に深い関係をもちな
がら、西方地方の諸生業を盛んにし

奉納者銘を刻んだ狛犬（阿形）

奉納者銘を刻んだ狛犬（吽形）

たので、一同が水神社に感謝して狛
犬一対を奉献したのであろう。

⑥ 熊野神社の<ruby>狛犬<rt>くまのじんじゃ</rt></ruby>

狛犬

野木町野渡

　別項（186ページ）で触れる野渡の
「光明寺」のすぐ左側（西側）の奥に
熊野神社がある。社伝によると、主
祭神は伊弉諾尊で、紀州熊野の川
島対馬が諸国を漫遊し、当地に居
所を定めて集落をつくり、紀州の
熊野神社の分霊を勧請して大宝3年
（703）創祀したという。

　社殿の前に一対の狛犬が「阿吽」
の形で向き合っている。右側の狛犬
は比較的穏やかに口を開け、左側の
狛犬は鋭い牙を剥き出しているが何
の変哲もない一般的な形である。し

吽形の狛犬

熊野神社の阿形の狛犬

かし、左側の狛犬をじっくり見て欲しい。何と親の背中に子ども狛犬を背負っている。子どもの狛犬を前肢であやしている「子取り」は多いが、

子どもの狛犬を背負った狛犬は決して多くはない。昭和2年（1927）造立のもので新しいが、珍しいのでここで敢えて取り上げてみた。

Column 眷属の狐（キツネ）

与作稲荷神社の
神使キツネ
さくら市上阿久津（旧氏家町）

県道125号を氏家市街方面から南下すると、「上阿久津」信号がある。この信号近くで左折し、少しくねった細い道をわずかに進むと、朱塗りの鳥居が並ぶ与作稲荷神社がある。

伝承によると、「阿久津河岸」の北方、勝山城地に祀られていた稲荷が、鬼怒川の氾濫によって対岸の三本杉

（旧河内町下ケ橋）まで流され、ここに久しく与作稲荷として祀られていたが、嘉永3年（1850）、現在地へ遷されると、稲荷の霊験や奇瑞が喧伝さ

与作稲荷神社の全景

神使キツネ

置かれたものではない。

『氏家の寺社と信仰』（氏家町史別冊、平成6年刊）によると「与作稲荷」は、（伝承だが）源頼義の奥州征討のさい、勝山で宗円が征討成功を祈る呪法を行った時の神仏の一つであったという。

馬門稲荷神社の
神使キツネ
茂木町馬門

「馬門のコミュニティーセンター」に接した稲荷神社については、次項（石燈籠）で略記するが、この神社の社殿前の左右に「神使キツネ」が造立されている。キツネ像はどこの稲荷神社でも必ず造られているので珍しくないが、ここの神社のキツネは特異なもので、県内に類例がないのではないかと思われる。

通常はきちんとした台石の上にキツネは据えられているが、ここのは自然

れ、たちまち与作稲荷信仰が広まり、特に奥州道中を旅する人たちや、鬼怒川の水運に関わる船人たちによって篤く信仰された。

社殿の前の左右に、稲荷の「神使キツネ」が一対設置されている。本項の初めに記したように、狛犬は外敵などの侵入を防ぐ魔除けの霊獣であるが、稲荷キツネは神使として、狛犬とは基本的に性格を異にし、狛犬の代わりに

珍しい神使キツネ（メス）

珍しい神使キツネ（オス）

の大きな山石を沢山積み重ね（高さ約1.5m）、さらにその上に大きな石を載せ、そこにキツネ像が据えられ、しかも左右一対のキツネはカップルに準え、右側が雄、左側が雌である。雄は左の雌を見つめ、雌は何と雄と直接向き合わずに背を向け、振り返って雄を見つめている。そればかりか雄は前肢をかがめ後肢を立てており、対する雌は前

肢をかがめて後肢を立てて振り返っている。これは明らかに雌雄とも体の交わりを望んでいる姿態である。

　キツネ像の大きさは、おおよそ横50cm、高さ20cmで、造立年は大正3年（1914）4月10日だが、石工の腕の冴えがうかがえる秀作である。ちなみに、すぐ近くに建つ特異な石燈籠は大正3年10月の献納である。

（四）「石燈籠」と「常夜燈」

　石燈籠は、元来、仏堂の前に立てて献燈する燈明台として造られたもので、その起こりは中国であった。それがわが国では神社の社殿前にも立てるようになった。本来は仏殿前に1基を立てたが、その後、社殿前の左右に一対（2基）立てるようになった。

　石燈籠は、基礎を据えて竿を立て、その上に中台、火袋、笠を重ねて宝珠（「ほうしゅ」とも）を戴く六部からなり、宝珠の下に請花を置くこともある。

　石燈籠の中心部は火袋で、横に火口が穿たれ、形は八角・六角・四角などがある。竿は円柱状のものが多いが、中には火袋の形状に合わせて八角・六角のものもある。笠部の軒角上に蕨手を造り出している。

　石燈籠が庭園に用いられるようになったのは、茶道が確立した戦国時代からであり、変形した石燈籠が派生して、茶庭に鑑賞と実用を兼ねた背の低い四脚をもった雪見燈籠や、数は少ないが自然石を重ねたような山燈籠（馬門稲荷神社＝茂木町馬門）などが造られた。さらに江戸時代には常夜燈なども派生し、社寺の参道や入口に置かれ、一般の人から親しまれた石造物として造られた。

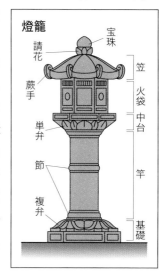

燈籠

宝珠
請花
蕨手
単弁
節
複弁
笠
火袋
中台
竿
基礎

---

① 関谷宿の

常夜燈

那須塩原市関谷（旧塩原町）

矢板市街方面から県道30号（矢板

那須線）を北進し、箒川に架かる堰場橋を渡って進むと、右側に箒根中学校がある。ここから0.5kmほど進むと関谷宿に至る。この街並みの県道右側に「常夜燈」（市指定）がある。案内板があるのですぐわかる。

関谷宿の
常夜燈

この「関谷宿」は交通の要所で、北上すると「関谷上町」で、ここを左折すると塩原温泉へ向かう旧道であり、右折すると「関谷北」で新道（国道400号）に突き当たり、そのまま直進すると県道30号で那須温泉に向かう。ちなみに「関谷宿」は30

関谷宿の常夜燈

号と県道185号（関谷上石上線）の分岐点でもある。

「常夜燈」は嘉永5年（1852）に建立されたものであるが、当時は地内の愛宕神社の参道にあったものと伝えられている。この常夜燈の銘は風化摩耗して判読できないが、説明板によると、常夜燈の側面西に「秋葉山大権現、愛宕山」、北に「金比羅大権現、熊野三社」、東に「白雲山大権現、稲荷大明神」、南に「鷹八幡宮、牛頭天王」（説明に「午頭」は誤り）とあり、台座に関係者名が刻まれているという。

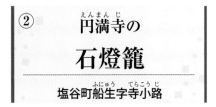

② 円満寺の
石燈籠

塩谷町船生字寺小路

船生小学校方面より国道461号

円満寺の石燈籠

（本来の日光北街道）を東進して、泉川に架かる「合柄橋」のところを左折し、ここから1.3kmほど北へ向かって進むと、「円満寺入口」の案内標識があるので、ここを左折して0.1kmほど西進すると、円満寺の前に着く。

円満寺は下野三十三観音第6番札所であるが、明治初年の廃仏毀釈によって廃寺となり、加えて昭和60年（1985）に火災に遭って、堂宇と本尊如意輪観音坐像（県指定）が焼失した。現在、堂宇跡に真新しい観音堂（4m四方の小堂）が建っているのみで、小堂の右手一画に無縫塔・五輪塔・地蔵像などが寄せ集められ

円満寺の石燈籠

ている。唯一、境内の入口に往時のまま「石燈籠」一対が遺っている。

左側の石燈籠の竿部に、造立年が陰刻されている。摩耗しているので判読が難しかったが、何とか「享保十乙巳年（1725）八月吉日」の造立であることがわかった。六角形の基礎（高さ20cm）の上に六角形の竿（高さ70cm）、その上に六角形の中台（高さ16cm）、その上に方形の火袋（高さ25cm）、その上に方形の笠（高さ20cm）、最上部に露盤・請花・宝珠（高さ20cm）が載っている。総高1.71mの大きさである。

この整然とした石燈籠で注目すべきは笠部である。通常の石燈籠の笠部には、軒角上に蕨手が造り出されているが、円満寺の笠部には蕨手がないことである。「常夜塔」には蕨手がないので、ひょっとすると円満寺の石燈籠は、常夜燈の機能を兼ねていたのかも知れない。

③ 寺山観音寺の
常夜燈
矢板市長井

矢板市街方面から県道30号（矢板那須線）を北上し、「下太田」交差信

寺山観音寺の
常夜燈 ●

号を左折して、ここから県道272号
（県民の森矢板線）を「県民の森」方
面に向かって3.5kmほど北西進す
ると、右側に「寺山観音寺」への案
内標示があるので右折し、狭い林道
を2.1kmほど上り詰め下ると、観
音寺（通称「寺山観音寺」。真言宗）

寺山観音寺の常夜燈

の門前に着く。寺専用の駐車場は、
門前から右に折れて進めば右側にあ
る。

　寺伝によると、神亀元年（724）、
行基が高原山の麓に法楽寺を建立
したが、延暦22年（803）雷火によっ
て観音堂を残して焼失した。大同元
年（806）に徳一（生没年不詳）が観音
堂を南東麓の現在地に移し、七堂伽
藍を再興したという。

　その後、塩谷の堀江氏（前期塩谷
氏）より寺領の寄進を受け、菩提所
とされた。塩谷氏の滅亡後、諸堂は
荒廃したが、江戸時代に入って宇都
宮藩主奥平氏の保護を受け、その後
も宇都宮藩主代々の祈願所となっ
た。当寺には国重文・県指定の仏
像などが多く収蔵され、本尊の木
造千手観音坐像（国重文）は、60年
に1回甲子年の旧暦9月に開帳され
る秘仏で、前回の開帳は昭和59年
（1984）であった。

　山門へ向かう参道の右側に、天明
2年（1782）銘のある常夜燈（1基）が
ある。総高1.9mの大きさで、基礎
の上部に反花座を彫り、竿は中細形
の四角形で、ここに「天明二 壬 寅
二月吉日」「願主　土屋山田村（現・
矢板市山田）東泉 平右衛門」と陰刻
されている。

中台も四角形で上部に返花座を彫り、その上の火袋は照明が目的の石燈籠の形からいえば、通常は大きく火口を設けて空洞にすべきだが、この箇所を「十」の格子縞にして灯を点すようにしている。類例の少ない洒落た火袋の造りである。また、その上の笠も四角形で、雨を除くため薄形に大きく幅広に広げ、石燈籠の形状であるのに四隅に蕨手を設けていない。笠の上に方形の露盤（笠の頂部をおさえる方形の台）を設け、その上に請花・宝珠を載せている。

この常夜燈は、全体の形状が軽やかで美しく、いつまで見ていても飽きない秀作である。石工の優れた技量を称えたい石造物である。

④ 大田原神社の 石燈籠

大田原市山の手2丁目

大田原市街の中心部で国道461号と国道400号が交差する角に「金燈籠」（昭和54年再建）がある。ここから461号を黒羽方面に向かって東進し、蛇尾川に架かる蛇尾橋を渡る手前で左折して進むと、間もなく龍頭公園・大田原護国神社があり、護国

神社に隣接した北側に、「大神宮さん」の通称で親しまれている大田原神社がある。この辺り一帯は蛇尾川右岸の丘陵地である。

大田原神社の主祭神は、大己貴命・少彦名命である。当社の創建は不詳だが、那須氏の重臣で那須七騎

大田原神社の石燈籠

（那須衆）の一家大田原資清が、天文14年（1545）に大田原城を築くと、当社を篤く崇敬して鎮守としたが、古くは温泉神社といい、幾度か場所を変えた後に現在地へ移り、大田原神社と改称した。

　神社参道の左右に石燈籠が並んでいるが、一番手前にある「石燈籠」一対（市指定）は、宝暦12年（1762）に近江の豪商中井源左衛門（光武）が寄進したものである。基礎の高さ40cm、竿から宝珠までの高さ1.7mの大きさで、中細形の竿には「奉献湯泉社　永代常夜燈　江州日野住中井氏光武寄進之　宝暦十二　壬午年正月吉日」「信州福島村住　石工井口包矩作」の銘が刻まれている。

　この石燈籠は、「常夜燈」として寄進されたもので、石燈籠そのものは何の特色もない平凡なものであるが、特筆すべきことは、近世における大田原氏の城下町、奥州道中（10宿）屈指の宿場町として繁栄していた大田原に目をつけて、近江の豪商中井光武が出店し、この地を拠点に商圏を北関東、東北地方にまで拡張していったことである。

　中井光武は、享保19年（1734）、関東地方への合薬行商を始めたが、寛延2年（1749）、大田原に出店し、

これまでの日野合薬や太物類を販売したばかりでなく、宝暦年間（1751〜64。「ほうれき」とも）ころからは薬種類まで取り扱い、さらに白河に支店を出し、仙台へと商圏を広げていった。つまり、近江商人の東北への販路拡大の一拠点が大田原であったことであり、その近江豪商が石燈籠を大田原神社へ寄進したことに意義がある。

⑤ 那須神社の

石燈籠

大田原市 南金丸

　大田原市街方面から国道461号（黒羽街道）を黒羽方面に向かって東進すると、左側（北側）に「道の駅那須与一の郷」がある。この道の駅に接した東側に那須神社がある。

那須神社の
石燈籠

神社の参道は、杉・檜が鬱蒼と繁るおよそ0.4km近いが、車は通れないので、参道に沿った左側（西側）の道を少し進むと、楼門前近くに参詣者専用の駐車場がある。

那須神社は、通称「金丸八幡宮（かねまるはちまんぐう）」といわれ、近在の人たちから篤く崇敬されている。祭神は応神天皇（おうじん）。那須氏が代々氏神として崇敬していたが、戦国時代以降、大関氏が氏神として崇敬した。本殿・楼門は共に国の重要文化財に指定されている。

拝殿の前の左右に、寛永（かんえい）19年（1642）3月、黒羽藩主大関高増（たかます）が奉納した「石燈籠」一対（市指定）がある。芦野石（あしのいし）で造った総高2.9mとい

那須神社の石燈籠

う堂々たるもので、基礎・竿・中台・火袋・笠・請花・宝珠が完備し、円筒の竿の中ほどに節（ふし）（中節）があり、基礎・中台・火袋・笠部は六角形を呈している。笠部の軒角上に蕨手を大きく造り出している。竿部に大関高増が奉納した銘が陰刻されている。

---

⑥ 堂原地蔵堂（どうっぱらじぞうどう）の
常夜燈

さくら市氏家字 堂原（どうっぱら）

氏家市街から国道4号（陸羽街道＝奥州街道）を少し南下すると、「川岸南（かわぎしみなみ）」信号のY字路がある。ここを右折して県道125号を0.45kmほど進むと、右側に「さくら市ミュージアム」入口がある。ここからわずかに南下すると、左側（東側）に堂原

堂原地蔵堂の常夜燈

地蔵堂があり、将軍地蔵が祀られて
いる。

　「将軍地蔵」について、次のよう
な伝説がある。
　源頼義・義家が奥州征討のとき、
鬼怒川釜ケ淵の悪蛇に阻止される
と、随行した宗円の祈禱で将軍地蔵
が現れ、悪蛇を退散させたので、勝
山城（氏家字勝山）を守護する寺院
として、堂原に将軍山地蔵院満願寺
を建立した。

　時代を経た室町時代、満願寺から
日光山へ修行にいった僧侶が、意地
悪の山伏に無理やり素麺を食べさせ
られて災難にあった。これを知った
別の僧侶が日光山に出向いて、日光

中の素麺を食べ尽くしたのでついに
山伏は屈服し、僧侶は将軍地蔵の姿
となって寺に戻った。これ以来、「そ
うめん地蔵」の伝説が生まれたとい
う。

　満願寺は、戦国時代に那須勢に
よって焼き討ちされたが、江戸時代
に再建されて堂原地蔵堂となり、奥
州道中の道中安全にご利益があると
いうので、遠近からの信仰を集めた。

　こうしたことから、堂原の「将軍
地蔵」は、飛脚問屋・商人などから
も信仰され、地蔵堂境内には嘉永6
年（1853）に奉献された「常夜燈」が
あり、これには「奉納福嶌嶌屋 定
飛脚」と陰刻されている。定飛脚と
は仲間が幕府に公認された江戸の飛
脚業者で、福島—江戸間の奥州道中
を走り抜けて、各地方に連絡網を
もっていた「嶌屋」は、代表的な飛
脚問屋であった。

⑦　船玉（魂）神社の

常夜燈

さくら市上阿久津（旧氏家町）

　宇都宮方面から県道125号（白沢
街道）を氏家方面に向かって進み、
鬼怒川に架かる「阿久津大橋」を渡

さくら市

船玉（魂）神社の
常夜燈

ると、左折するやや狭い道がある。
この道をわずか北へ進むと、左側に
船玉（魂）神社がある。

　ここで阿久津河岸と船玉（魂）神
社について詳述すべきだが、ここで
は次のような案内掲示を略記するに
留めたい。

　「阿久津河岸・船玉神社」（前略）
阿久津河岸は奥州街道の鬼怒川渡河
点にあたり、最上流に位置するとい
う地の利を得て、慶長以来、明治
の中期まで水陸交通の要地として
300年間の繁栄を続けた。

　鬼怒川上流独特の川舟を小鵜飼船
といい、また船頭たちが水上安全の
守護神として河岸場に祀ったのが船
のみたま、船玉（魂）大明神である。
境内は舟の形を模して造られたとい
われ、舳先の位置に神殿が建てら
れ、一般の神社とは趣を異にしてい
る。

道標を兼ねた船玉（魂）神社の常夜燈

基部に行先を刻印している（上・下）

船玉神社境内に、道標を兼ねた「弘化二年乙巳三月」（1845年）に奉献された「常夜燈」がある。燈籠の基部に「右 江戸道　左 奥州道　此方 河岸道」と刻陰されている。

また、「文政九年丙戌月」銘（1826年）のある「石燈籠」もある。中細形の竿部過半に「西海石善兵衛和泉屋利兵衛煙草屋仲間」が奉献したことが刻まれている。

⑧ 宮原八幡宮の 石燈籠

那須烏山市宮原（旧烏山町）

烏山市街の中心部「中央」交差点から県道29号（常陸太田那須烏山線）をおよそ2kmほど東進し、「宮原」交差点を左折して100mほど西へ進むと、右側に宮原八幡宮専用の

駐車場があり、これに接して宮原八幡宮がある。

社伝によれば、延暦14年（795）、坂上田村麻呂が蝦夷征討のさい、筑紫山（後世の烏山城地内）に宇佐八幡宮を勧請して創始したという。その後、代々烏山藩主の崇敬が深く、同藩領の惣社であった。八幡宮本殿は室町時代の建築様式を遺しているので、平成3年（1991）に県有形文化財に指定されている。

八幡宮の鳥居・手水舎手前に、「明和五年（1768）八月」銘のある総高約2mの「石燈籠」（一対）がある。江戸紙問屋仲間（村田七右衛門・小森治郎兵衛・西村喜三郎・小津治郎

宮原八幡宮の石燈籠

左衛門)が献納したもので、下野の烏山和紙と江戸商人との結びつきを示すものとして注目される。詳しくは大嶽浩良氏の「烏山和紙」(『江戸時代 人づくり風土記・栃木』所収。平成元年刊)を参照して欲しい。

　ちなみに太平寺(那須烏山市滝)の「石段」も、貞享2年(1685)に江戸の紙問屋が奉納したものである。

⑨ **馬門稲荷神社の**

石燈籠

茂木町馬門

　茂木市街から国道123号(茂木街道)を東進し、「塩田」の信号を過ぎて馬門に入ると、間もなく左側(北側)に、「馬門コミュニティーセンター」に接して馬門稲荷神社がある。当神社は江戸時代中期に建立された

もので、権現造り切妻の本殿・拝殿はともに町指定建造物である。主祭神は倉稲魂命で、例祭は11月23日。

　社殿の前にある「石燈籠(1対)」は、大正3年(1914)10月に献納された新しいものであるが、県内ではこれまで見たことのない特異なものである。

社殿前にある石燈籠

火袋以外は自然石を一部加工している

103

通常の石燈籠の基礎・竿部にあたるものは、一つの大きな自然石（高さ1.25m）を雑に加工して「奉納御神燈」と陰刻し、その上に自然石（高さ0.4m）の中台を据え、その上に丁寧に加工した火袋（高さ0.45m）、最上部の笠・宝珠部は自然の一石（高さ0.5m）をわずかに加工して笠部としたもので、総高約2.6mの大きさである。とにかく一見に値する石燈籠である。

なお、別項で触れたが（91ページ）、この石燈籠のすぐ北側に、稲荷神社であるのでキツネが「神の使い（神使）」として一対存在する。これまた通常でないので併せて見ていただきたい。

⑩ 平出神社の
四獣神石燈籠

宇都宮市平出町

宇都宮市街東部の越戸町方面から、通称、平出街道を東進し、宇都宮環状道路（新4号バイパス）手前の左側（北側）に、バス停「雷電神社前」がある。バス停の少し手前を左折して北へ向かって進むと、平出神社専用の広い駐車場がある。

平出神社（通称「平出雷電神社」）は、社伝によると、仁和2年（886）、京都の賀茂別雷神社（上賀茂神社）の分霊を勧請して創建したというが、その後の社歴は不詳である。江戸時代末の元治元年（1864）、雷電宮の称号をえて「平出の雷電様」として、五穀豊穣・雷除けの神として、遠近に知られるようになった。

神社の社務所前近くに、私はこれまで全く見たこともない「四獣神石燈籠」がある。石燈籠の台石に、神社側が特別に「四獣神の燈籠（製作者 製作年不明）」と枠を設けて陽刻している。珍奇な石燈籠であるので、私と同じように社務所に尋ねる方が多いのであろう。

この石燈籠は、通常の基礎・竿・中台・火袋・笠・宝珠の形態に囚われず、基礎には異体の知れない「モノ」が陽刻され、その上に載る竿部

平出神社の
四獣神石燈籠

は一般に丸形の円筒柱を呈し、その上に火袋を受ける中台があるが、こ

平出神社の四獣神石燈籠

平出神社の石燈籠

のは中台・竿部に石工が独特な彫形をなし、火袋はこれに合わせて丸形に造っている。笠部もまた一般的な形状からかけ離れ、深いお椀で火袋を被せたような形をなしている。こういう形の笠は利休型と呼ばれている。

「四獣神石燈籠」という名称は、素人の私には初めてなので、辞書で「四獣」を調べたら、「〈1〉「四神」に同じ。〈2〉虎・豹・熊・羆の総称」とあった。そこで「四神」を調べたら、「〈1〉天の四方の方角をつかさどる神。東の青竜、西の白虎、南の朱雀、北の玄武の称。星宿を動物に見立てる中国古代の思想に由来する。御獣。〈2〉中国で、四季をつかさどる神の名称。春の句芒、夏の祝融、秋の蓐収、冬の玄冥をいう」と記している。

後日、これらのことを念頭に再度「四獣神石燈籠」を訪ねたが、さっぱりわからず、珍奇すぎた石燈籠を後にした。

なお、境内には一般的な石燈籠が沢山あるので、ここに一例だけ示しておきたい。

⑪ 水神社の
石燈籠

栃木市西方町本城字新宿（旧西方町）

「西方総合支所」方面から国道293号を北進して「工業団地入口」信号を左折して県道177号（上久我栃木線）を道なりに進むと、右側に近津神社がある。神社から0.2kmほど進むと、最初の信号「工業団地東」で県道は右折して北へ向かう。ここから約0.9km進み、思川に架かる本城橋の手前を左折して、少し進むと整備された「西方運動公園」に着く。目当ての水神社は公園に接した北端にあるので、公園の駐車場に車を停めずに、ここを取り囲むようにして少し進むと神社の前に着く。

水神社は小倉川（思川）の右岸に鎮座している。主祭神は罔象女神。

小倉川に堰を設けて西方郷を灌漑するようになった時期は判然としないが、遅くも貞享年間（1684〜88）ころには小倉堰が存したようである。しかし、小倉堰は度々の出水によって難儀したので、西方郷は時の領主阿部氏に願い出て、堰の守護神として近津神社（西方郷の総鎮守。本城）に合祀されていた大神を、小倉山麓の現在地に新祠を建てて祀ったのが、水神社の創始と伝えられている。

社殿の前に「石燈籠」一対がある。大正12年（1923）6月15日、西方酒造家らが奉納したもので、台座に「寄附　飯沼泰一郎　矢部藤七　中

水神社の石燈籠

新井和一郎」と陰刻されている。飯沼泰一郎は元（屋号「堺屋」）・矢部藤七は本城（屋号「多喜屋」）の酒造家である。

　石燈籠は、上から宝珠・請花・笠・火袋・中台・竿・基礎からなる総高1.3mの大きさで、竿は中細形式で、基礎の四隅には脚が付いている。奉納者名が刻まれた台石の高さ25cm。大正時代の石燈籠として貴重な石造物である。

⑫ 清源寺の
石燈籠
足利市名草中町

　清源寺（臨済宗）は県道208号（飛駒足利線）沿いの金蔵院（真言宗、足利市名草中町）の北西0.4kmの山麓に位置している。清源寺山門前の

参道左右に「石燈籠（一対）」（市指定）がある。この石燈籠は一般的な

六面幢に六地蔵が半浮彫する

四角柱に四仏を半浮彫する

107

ものとは全く異なった形状を呈し、恐らく県内唯一の石燈籠ではないかと思われる優品である。

左側のものは方形の基礎（反花座）の上に六地蔵を半浮彫した六角柱の単制石幢（六面幢）の幢身を据え、その上は石燈籠の中台、火袋、笠、請花・宝珠を設けて、石燈籠の形態をとっている。中台は後補だが、火袋の四面は方形、円形、月形、三つの小円形の窓を穿っている。笠の軒角に蕨手を造り出して、通常の石燈籠の形状をなしている。基礎から宝珠までの総高は1.74mで、中台を除いて原形を保ち、幢身に「寛文第十一辛亥歳……」と陰刻銘があるので、寛文11年（1671）の造立である。

右側のものは方形の基礎（反花座）の上に「四仏」を半浮彫した四角柱を竿とし、その上に蓮華座を下部に設けた中台、その上に方形、円形、月形、三つの小円形の窓を穿った火袋、その上に笠（三分の一ほど欠損）を載せ、軒角の蕨手を造り出している。最上部の請花・宝珠は欠損している。総高1.75mで、四仏を配した竿部（幢身）に「延宝第二載（歳）……」と陰刻銘があるので、延宝2年（1674）の造立で、左側のものより3年ほど後に造立されたものである。

なお、「四仏」とは四方四仏のことで、東方の阿閦仏、南方の宝相仏、西方の無量寿仏、北方の微妙声仏をいい、密教では大日如来の四方にいる仏で、金剛界では東方の阿閦仏、南方の宝生仏、西方の阿弥陀仏、北方の不空成就をいう。

◀ Column ▶ ## 来世の極楽を願う「後生車」

仏教の世界では、生あるものは解脱しない限り、迷いの世界を輪廻しなければならないと考えられている。人は誰しも死後、極楽に生まれて安楽したいと願うが、衆生が迷いの世界に生まれ変わり、車輪のめぐるように止まることのないこと、つまり、心をもつものの存在する三つの世界（三界）＝欲

界（欲心の盛んな人間世界）・色界（物質や肉体に執着している世界）・無色界（物質の束縛から解放された精神の世界）、すべての衆生が生死を繰り返す六つの世界＝地獄・餓鬼・畜生・修羅・人間・天人の六道（前の三つを三悪道、後の三つを三善道）を解脱しない限り、迷いの世界を輪廻しなければならないという。

　六道のうちの「地獄」とは、どんな世界であるのだろうか。

　悪行をした者が、死後、種々の責め苦を受けると信じられている世界で、特に炎熱で苦しめられる地獄（八熱地獄）、寒さに苦しめられる地獄（八寒地獄）があるという。この責め苦を裁くのが閻魔王（閻魔大王）で、死後35日目に生前の善悪の取り調べがあり、ここでは愚かな政治家などが国会で答弁する、嘘に嘘を重ねて「記憶にない」は通用しない。閻魔王の調べは厳しく、死者の名前・行動を記した帳簿（閻魔帳）を持ち、死後57日目の審判にあたるとされる。

　この地獄からの救済をすることから、地蔵信仰が盛んとなり、地蔵菩薩が各地に造立された。後世になると、特に地獄での救済の面が強調され、閻魔との同体説が唱えられたり、将軍地蔵・延命地蔵など現世利益と結合した民間信仰が展開した。

　また、仏の姿や功徳を心に思い描き

念仏を唱えながら、後生車（輪廻車）を廻すことによって極楽往生ができると信じ、寺院の境内や墓地の入口に、角柱上部に孔を穿って銅製の車をはめ込み、廻転させる後生車が見受けられる。「後生」とは、死んで後の世に生まれ変わることで、来世（未来世）などともいう。

延寿寺の
後生車
宇都宮市上小倉町西組（旧上河内町）

　宇都宮市街方面から県道63号（藤原宇都宮線）を北進し、「中里原」交差信号を過ぎて進み、「今里」信号を右折して西鬼怒川に架かる愛宕橋を渡り1kmほど進むと、「神社前」（小室神社）信号に突きあたる。ここを左折して少し北進すると「上小倉西組」バス停がある。この先に「延寿寺」の案内標示があるので、ここを右折して進めば、

109

立派な後生車

笠付塔婆か？

延寿寺の山門前に着く。

延寿寺（浄土宗）は、寺伝によると天寿6年（1380）の開創で、開山は長沼氏の祖長沼五郎の後裔良哲といわれている。

山門を潜って間もない左側に、立派

な「後生車」がある。

基壇の上に五角形の基礎を設け、その上に反花座を置き、石燈籠の竿（塔身）にあたるところに大きな石造の後生車を付け、これを被うように石燈籠の笠に似たような五角形の軒角上に、丸みを帯びた蕨手を造り出している。この蕨手様の突起は石燈籠の突起とは全く造り方を異にしている。笠の上に一石の宝珠がある。総高1.4mの大きさで、後生車の側面に「天明元年 辛丑年十月十五日建立」（1781年）の銘があるが、後生車は後補のように思われる。それにしても石造の後生車は珍しい。

ここで注目すべきことは、この後生車の左側に総高1.25mの後生車の付いていない石塔（笠付塔婆に類似）がある。当初から一対をなし、右側にのみ後生車を設けたのであろう。

生子神社の 一輪車
鹿沼市樅山町

鹿沼市街方面から国道293号（例幣使街道）を南下し、「大門宿」信号を右折して県道15号（鹿沼足尾線）を0.4kmほど進むと、右側に「生子神社」の案内標示がある。ここを右折して0.6kmほど西進すると、右側（北側）

に生子神社の鳥居があり、左側（南側）に神社専用の舗装されていない大駐車場がある。ここに車を停めて長い参道（石段）を進めば社前に着く。

生子神社は、社伝によると神亀3年（726）の創建で、当初は籾山明神と称していたが、真偽は別として、天文18年（1549）、氏子某の子が天然痘で亡くなったので、父母は大いに悲しみ、神仏に祈願する以外に術はないと、当

生子神社の一輪車

社に子の蘇生を祈ったところ、死後三日にして蘇生したので、生子神社と改称したという。このため当社は安産、痘瘡、育児の守護神として庶民の信仰を集めたと伝えている。主祭神は瓊瓊杵命で、祭礼日は9月19日。この日、「泣く子は育つ」という縁起から、「泣き相撲」（国選択・市指定）が行われる。

さて、神社本殿左側の摂社への上り口左側に、「一輪車」という後生車がある。後生車は前述したように、寺院の境内や墓地の入口などにあるものだが、神社境内にあるのは稀有なことである。神仏混淆（神仏習合）の名残か、あるいは子の蘇生を願って神仏に祈願したという説話によるものであろうか。

この「一輪車」は、台座（高さ30cm弱）の上に建っている高さ1.8mの特殊山形角柱型で、上端部に孔を穿って銅製一輪車を取りつけ、その下に太字で「奉納一輪車」と陰刻し、側面に「天明元辛丑十月十五日」と刻んでいる。1781年の建立である。期せずして前記「延寿寺」の後生車と同年に建立されたものである。

浄光寺の
後生車
日光市匠町字西町

浄光寺（天台宗）への順路は、別項

浄光寺のお粗末な後生車

（190ページ）で触れるので省略したい。当寺は西町地区の南西端、大谷川の北岸に位置し、日光田母沢御用邸記念公園の南東方近くにある。

　境内墓地入口の右側に宝珠を欠いた単制石幢（別項「六地蔵浮彫の石幢」参照）がある。この石幢近くに瞬時「重制石幢」ではないかと思った石塔（総高2.2m）がある。

　外見上は六角形の基礎の上に竿（幢身）、中台、龕部（六面に六地蔵）・笠、請花・宝珠がみられるので、重制石幢のように思われるが、中台と思われる箇所に蓮華座が彫られておらず、笠部の六角に石燈籠にみられる蕨手様の造り出しがみられる。しかし、石燈籠に不可欠な火袋がないので、石燈籠ではない。そこで、ここでは「重制石幢様六地蔵」と仮称しておきたい。

　この石塔の竿（幢身）上半部に、お粗末な孔を穿って銅製の後生車をはめ込んでいる。後生車は後補のものと思われるが、立派な「重制石幢様六地蔵」の竿部に見られるので、ここで紹介したのである。

V

「供養塔」・「墓塔(標)」など

(五)①

(一)①

(一)②

(四)①

(四)②

(五)②

(六)①

(四)③

コラム
「上阿久津の七観音」

(二)① (三)①

(五)④ (五)⑤ (五)③

(四)④

(四)⑤

(六)②

(三)②

(二)⑥ (四)⑦

(五)⑥

(六)③ (二)③

(四)⑧

(五)⑨

(四)⑫ (四)⑪

(四)⑩

(二)②

(六)④ (一)④

(二)④ (一)③

(五)⑦

(五)⑧

(六)④

（一）層塔

　供養塔・墓塔（標）として造立の「層塔」は、基壇の上に基礎を据え、その上に軸部を載せ、その上に笠（屋根）を重ね、笠の層数によって三重・五重・七重・九重などとし、すべて無限に広がる奇数の層で造られ、三重塔・五重塔・七重塔などと呼ばれる。最上部の笠に露盤を造り出し、その上に伏鉢・請花・九輪・水煙・請花・宝珠からなる相輪を立てる。水煙は省くこともある。

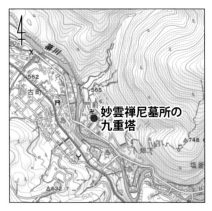

① 妙雲禅尼墓所の

九重塔

那須塩原市下塩原（旧塩原町）

　塩原温泉街のほぼ中ほどの蓬莱橋手前の北側に、甘露山 妙 雲寺（臨済宗）がある。境内の東方近くに寺専用の駐車場がある。

　寺の縁起（寛文6＝1666年）によると、寿永3年（1184）、摂津の一の谷の戦いに敗れた平清盛（1118～81）

の腹心であった 平 貞能（生没年不詳）は、平重盛（1138～79）の妹（姨母とも）妙雲尼とともに、塩原の山陰に身を隠し、ここに草庵を結んで、重盛が帰依した釈迦牟尼仏を安置した。これが寺の起こりと伝えている。

妙雲寺の層塔（九重塔）

114

さらに縁起によれば、妙雲尼の死後、正和年間（1312〜17）に仏国国師（1241〜1316。黒羽の雲巌寺開山）の弟子大同妙哲が法名をとって、尼寺を改めて甘露山妙雲寺と称し、伽藍を建立したという。

本堂の左手奥の少し高いところに、妙雲禅尼の墓標として植えられたと伝える大きな老杉の茂る中に、「妙雲禅尼の墓所」がある。ここに九重の「層塔」（九重塔、高さ約4m）がある。造立年は不詳。

方形状の基礎の上の軸部は高く造られているが刻銘はなく、最下部の第一笠（屋根）をやや大きくして全体の安定感をもたせている。笠の軒反りが緩やかで迫力がない。相輪部はやや貧弱な嫌いがある。『塩原町誌』（昭和55年刊）によると、妙雲尼の没年を建久5年（1194）とし、「正治2年（1200）ころ、平貞能の建立か」と記しているが、鎌倉時代の層塔でないことは歴然としているので、近世ころに造立された供養塔と解してよさそうである。

② 薬師堂境内の
七重塔・舎利塔
大田原市中央2丁目

県道48号（大田原氏家線）と国道400号が交差する「神明町」信号からわずか東へ進むと、左側角に薬師堂がある。

薬師堂境内の層塔は、「七重塔」（市指定）で、総高4.85mの大きさである。台石の上に方形の基礎を二段に構え、その上の笠（屋根）と笠との間の各軸部は円形で、軸部の内部は刳り抜いて厨子にしている。造立当初は最上部の相輪部は存したと思われるが、欠損している。

下部の基礎に「奉建立二世安楽所　雨薬山医弘寺」、「于時貞享元年（1684）甲子十一月吉日　順海上人祐玄」と銘が陰刻されているので、

115

願主は順海上人である。

　また、境内には「舎利塔」（市指定）がある。総高4.63mであるので七重塔よりわずかに低く、造立年代も元禄7年（1694）であるので、10年後に造られたものである。一辺1.43mの基礎の内部を刳り抜いて厨子とし、その上に独特な請花、そ

の上に五輪塔の水輪を思わせる形状の舎利塔を載せ、その上に五重の笠

五重塔を思わせる舎利塔

薬師堂境内の層塔（七重塔）

造立年・願主名などを刻んだ基礎部

珍しい舎利部を拡大

（屋根）を設けている。造立当初は相輪部がきちんと整っていたはずであるが、九輪が欠損して請花の上に宝珠が遺っているに過ぎない。

この舎利塔も七重塔と同じく、次のように願主、造立年が陰刻されている。

「奉納舎利塔　二世安楽所」、「于時元禄七 甲 戌（1694）九月十五日祐玄　順海上人」。県内では珍しい五重の笠（屋根）を付けた形式の舎利塔で優品である。

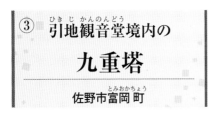

③ 引地観音堂境内の
九重塔
佐野市富岡町

JR佐野駅前から県道67号へ出て、0.5kmほど東進すると県道141号（佐野田沼線）と交差する。ここ

佐野市

から0.2kmほど東へ向かって進むと、左側（北側）に大雲寺（浄土宗）があるのでここを左折して、およそ0.2km北進し、少し狭い坂道を上ると日枝神社に着く。境内に駐車場があるので、ここに車を停め、左側に引地観音堂へ上る石段がある。石段を上った正面に、下野三十三観音の第27番札所である引地山日向寺の「引地観音堂」があり、その右側に日枝神社がある。

観音堂は永享3年（1431）、阿武塚（現・佐野市鎧塚町）より現在地に移されたものである。この観音堂は五間四方の建物で、文政7年（1824）に再建されたものである。日向寺に

引地観音堂境内の層塔（九重塔）

は観音堂のみが存するので、一般に「引地観音」と称され、地図帳には「引地観音」とか「日向寺観音堂」と標示されている。

境内に層塔「九重塔」がある。台石（高さ45cm）の上に基礎（高さ25cm）、その上に総高約4.7mの九重塔が載っている。銘は刻まれているようであるが摩耗しているので、「三月吉日」以外は判読することができない。

薬師堂（大田原市、115ページ参照）の七重塔に似た造りであるが、薬師堂の層塔（七重塔）に比して、引地観音堂の九重塔はほっそりとした造りである。特に笠（屋根）と笠との間の各軸部は方形でゆとりをもって間隔をとり、笠四隅の角がやや反っている。最上部の相輪部は、露盤・伏鉢・請花・九輪・請花・宝珠が完全な形で遺っている。造立年銘があるものの摩耗して判読できないが、観音堂の再建が文政7年であるので、このころに造立された江戸時代後期ころのものかも知れない。

④ 宝福寺の

層塔

足利市福居町

福居町は市の南部に位置している。両毛線JR足利駅前近くの渡良瀬川に架かる田中橋を渡って、ここから国道293号をおよそ2.3km南下すると、東西に通る国道50号の「公設市場前」信号に突きあたる。ここを左折して50号を1.7kmほど東進すると、国道沿いの左側に円通寺（真言宗）がある。この近くで左折して曲がりくねった道を約0.4km北へ進むと宝福寺（曹洞宗）に至る。

宝福寺は承和年間（834～48）ころの創立と伝えている。

境内墓地の一角に層塔2基（市指定）がある。左側は九重塔で総高2.8m、右側は総高2.3mの七重塔

宝福寺の層塔

足利市

宝福寺の層塔2基

せ、その上に笠・軸部を重ねて載せて九重、七重とし、その上に相輪（露盤・伏鉢・請花・九輪・請花・宝珠）を載せているが、右側の七重塔は九輪の上の請花・宝珠が欠けている。

　両塔とも造立年銘などが刻まれているが、摩耗しているので判読できない。寺伝によると、室町時代の応永22年（1415）、同32年（1425）の銘が刻まれており、九重塔は足利氏の家臣柳田伊豆守、七重塔は同夫人の没年を刻んだ墓塔であるという。ともあれ室町時代の優れた層塔である。

である。ともに基礎の上に軸部を載

（二）宝塔

　「宝塔」は、墓塔あるいは供養塔の一種で、構造的には基礎・塔身・笠（屋根）・相輪からなり、塔身の平面は円形で、基礎と笠は平面が四角形である。ただし後述するように、薬王寺（鹿沼市）の鎧塔のような八角形を呈する例外もある。なお、笠の上の相輪は、露盤・伏鉢・請花・九輪・請花・宝珠からなるのが基本である。

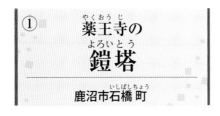

① 薬王寺の
鎧塔
鹿沼市石橋町

　別項（石幢）で触れるように、石橋町内にある薬王寺（真言宗）は、寺伝によれば弘長年間（1261〜64）の創建といわれ、当地方の真言宗の拠点寺院であった。

薬王寺の鎧塔

この寺の寺宝である「東照宮渡御の記」（『押原推移録』）によれば、徳川家康の遺命によって、元和3年（1617）、遺体を駿河国久能山から日光に改葬されるさい、三島、小田原、府中、川越、忍（埼玉県行田市）、佐野を経て鹿沼宿に入り、薬王寺境内の仮殿に3泊安置されたといわれる。

また、寛永20年（1643）には慈眼大師（天海）が、慶安4年（1651）には3代将軍家光（法名大猷院殿）が、日光山に葬られるさい、ともに薬王寺に滞留している。後に寺では、家光の墓所「大猷院」の奥院にある唐銅製宝塔を模して、石造（凝灰岩製）の基礎・塔身・笠部をそれぞれ八角形とし、その上に九輪を載せた総高1.8mの宝塔を建立した。その形が特異な鎧に似ているので、通称「鎧塔」の名で知られている。

薬王寺の鎧塔

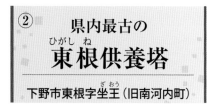

② 県内最古の
東根供養塔
下野市東根字坐王（旧南河内町）

JR小金井駅東口から県道44号（栃

木二宮線）に出ておよそ4kmほど東進すると、県道の左側に東根供養塔（県指定）がある。ここは旧吉田西小学校の手前0.5kmの地である（「吉田用水」手前の県道の一部が直線化し、供養塔は旧道沿いになっているので注意）。

東根供養塔は、凝灰岩製の宝塔で、最上部の相輪部は伏鉢・請花と九輪のうち二輪のみを残し欠損しているが、笠、塔身、基礎はよい状態で遺っている。遺存する総高は1.77mである。

笠部は比較的反りが少なく、塔身は四方に梵字四字（阿閦如来・宝生如来・阿弥陀如来・不空成就如来＝釈迦如来）の種子が陰刻され、元久元年（1204）十二月十八日、佐伯伴行夫妻が両親の菩提を弔うために供養塔を造立したという銘文が刻まれている。

この供養塔は、平安時代後期の様式を継承したものとして注目され、県内に現存する紀年銘のある宝塔では最古のものである。これを保存するため昭和58年（1983）に覆屋が建てられた。

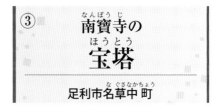

③ 南寶寺の
宝塔
足利市名草中町

北関東自動車道「足利IC」西方の県道208号（飛駒足利線）を、ここから3kmほど北上すると、左側に金蔵院がある。ここから0.2kmほど

県内最古の宝塔東根供養塔

進むと、208号は右折して北東へ進むが、ここを分岐点として新たに県道218号（名草小俣線）が北へ向かう。この分岐点から218号を0.4kmほど北進すると、右側に名草交番駐在所がある。駐在所のすぐ手前を右折して少し進むと、左側に南寶寺（真言宗）がある。

南寶寺の宝塔

基礎の上の亀趺

境内に「寛延三庚午歳(1750)」銘のある「宝塔」がある。笠の上部に露盤、その上に請花、その上の九輪は中ほどから欠損しているが、基礎からの総高は2.16mの大きさである。この塔の特異さの一つは、二段の基礎の上に亀趺（亀の形に象った台石）があり、さらに方形状の台座と請花を重ね、その上に宝塔を載せていることである。亀の上に塔身を置くのは、永く後世に伝える意味から、長命の亀にあやかったものであろう。二つ目は「笠部の四隅に蓮華を造り出している」ことである。このような宝塔は県内には存在しないであろう。

　この宝塔の塔身（軸部）正面に、「光明真言」の梵字が刻まれている。「光明真言」とは密教の呪文である真言の一つで、これを唱えることによって、一切の罪や悪事を除き、また死者を成仏させることである。軸部の左右に経文が、背面には造塔の由来が刻まれている。一見すべき優れた石造物である。

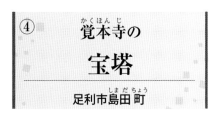

④ 覚本寺の

宝塔

足利市島田町

　島田町は市の南部に位置する。両毛線JR足利駅の近くから渡良瀬川に架かる田中橋を渡り、ここから国道293号を2.3kmほど南下すると、東西に通る国道50号の「公設市場前」信号の交差点がある。ここからわずか0.15kmほど南へ進むと、東西に通る県道128号（佐野太田線）の「堀込町東」信号がある。この信号の左側近くで右折して約0.6km南進して左折し、0.2kmばかり東へ向かって進めば覚本寺（真言宗）がある。

　寺伝によれば、覚本寺は初め現五十部町内に創立されたが、建保年間（1213～19）に焼失したので、文永9年（1272）、鶏足寺（真言宗。

足利市小俣町）の慈猛の高弟覚本が現在地に建立して開山したが、その後、度々火災に遭った。現在、享保18年（1733）銘のある十一面観音立像が観音堂に安置されている。

　本堂の前近くに総高3.8mの「宝塔」がある。三段の基壇の上に基礎、その上に反花座・蓮華座を載せ、その上の基礎の四面には難しい偈文（仏徳を称える経文）と「寛延三年（1750）」の銘を刻み、その上に蓮華座・塔身を載せ、塔身の四面に金剛界四仏の種子が彫られ、その上に笠、その上に相輪（露盤・伏鉢・請花・九輪・請花・宝珠）を積み重ねた優品である。

覚本寺の宝塔

（三）無縫塔

　「無縫塔」は、鎌倉時代に宋から禅宗の伝播にともない、禅宗僧侶の墓塔として造立された。無縫塔の本体は卵形の塔身で、縫目がないという意味で名づけられたが、僧侶専用の墓塔であるのと頂部が丸いことから坊主墓とも呼ばれている。

　無縫塔には、重制（「じゅうせい」とも）と単制の二つの形式がある。重制無縫塔は下から基礎・竿・中台・請花・塔身よりなるが、単制無縫塔は基礎・請花・塔身からなり、竿の部分が省略されている。複雑な構造からなる重制無縫塔は、単制無縫塔よりは古い例が多く、江戸時代になると重制は少なく、単制が一般的なものとなっている。

　なお、無縫塔は当初は禅宗の墓塔として造られたが、のちには浄土宗などもこの墓塔を用い、次第に各宗で採用するようになった。本県の無縫塔の大半は単制の無縫塔である。

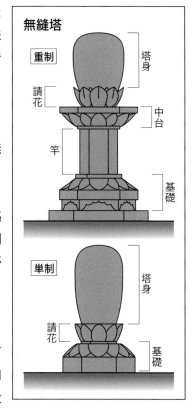

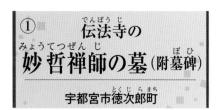

① 伝法寺の
妙哲禅師の墓（附墓碑）
宇都宮市徳次郎町

　宇都宮市街から国道119号（日光街道）を北上し、徳次郎交差路を過ぎて0.7kmほど進むと、左手に晃陽中学校がある。中学校に接した北側の道を左折して西進し、日光宇都宮道路（日光道）の高架下をくぐって進むと、伝法寺（曹洞宗）の案内標示があるので、これによってさほど広くない舗装された山道を1km

伝法寺の
妙哲禅師の墓
（附 墓碑）

ほど進めば、半蔵山（502m）東麓の
伝法寺の山門前に着く。

　伝法寺は寺伝によると、貞和4年
（1348）に妙哲禅師が開山し、新田
徳次郎昌言が開基したという。妙哲
禅師は雲巌寺（臨済宗。大田原市雲
岩寺）の仏国国師の高弟で、妙雲寺

伝法寺の重制無縫塔（妙哲禅師の墓）

（臨済宗。那須塩原市下塩原）、同慶
寺（臨済宗。宇都宮市竹下町）など
を開いた名僧で、特に南北朝時代の
下野国に臨済宗を発展させた中心人
物であった。

　伝法寺境内の北西山麓にある墓地
の前を通って、その西側の沢沿いの
山道を上って行くと、半蔵山の中腹
に歴代住職の墓碑の中心に、「妙哲
禅師の墓（附墓碑）」（県史跡）がある。

　墓は安産岩製の高さ1.48mの重
制無縫塔である。八角切石の基礎の
上に八角柱の竿、その上に中台、そ
の上に卵形の塔身を載せている。竿
部に「開山大同和尚大禅師」と陰刻
し、基礎面に妙哲禅師の行状と貞
和5年（1349）11月12日に示寂（死
去）し、3年後の観応2年（1351）7月、
門弟によって墓碑が建てられたと陰
刻されている。

　なお、同慶寺（宇都宮市竹下町）
境内の墓地に、同寺歴代住職の墓碑
群があるが、その中央に「妙哲禅師
の墓」という単制無縫塔がある。こ
れは墓ではなく、後に建てられた供
養塔である。

② 大澤文庫学頭墓地の
単制無縫塔
益子町大沢

真岡鐵道七井駅の南東方1kmほどの地に、大沢山虎渓院と号する鎮西流名越派本山の円通寺（浄土宗）がある。七井駅南方近くの「七井中央」交差点から国道121号（294号）を少し南下し、大羽川に架かる風戸橋を渡ると、すぐ先に「風戸」交差信号がある。ここを左折して「円通寺」への案内標識に従って道なりに進めば、円通寺の表門（国重文）前に着く。

円通寺は、寺伝によれば応永9年（1402）、良栄上人によって開創されたという。上人は開創に先立つ応永元年（1394）ころ、大平郷（現・益子町大平）に舟橋談所を設けて、学林（僧侶の学問所）としたので、早くから良勝・良壊といった優れた門人や学徒が集まり、学問研究の場となっていた。

良栄上人は門人や学徒に講義しながら多くの書物を著し、さらに円通寺で修行する僧侶のために「大澤文庫」（図書館）を境内に設けて、研究の便宜を図った。

境内の一切経塔（県指定）の近くに、「大澤文庫学頭墓地」がある。ここには沢山の単制無縫塔が立ち並んでいる。台座の上に卵形をした塔身が載るので、卵塔とも呼ばれている。もともとこの墓塔は禅宗の開山塔、歴代塔として用いられたが、後には円通寺のように禅宗以外の宗派にも用いられるようになった。

円通寺の無縫塔は単制であるので、基礎の上に請花、その上に塔身が載るものである。台座は方形の簡単なものであるので、請花造りを工

**大澤文庫学頭墓地の
単制無縫塔**

円通寺の単制無縫塔（大澤文庫学頭墓地内）

夫し、卵形の塔身を高くして、塔全
体の釣り合いを図った優れた無縫塔
が多い。

(四) 五輪塔

　「五輪塔」は、石造物の中ではよく知られているものである。平安時代
後期ころから造られ始めたようであるが、中世に入ると板碑、宝篋印塔
とともに、供養塔婆として広く造られるようになった。

　密教では宇宙はすべて空、風、火、水、地から構成されるとし、形式は
上から団形（宝珠）の空輪、半円形（請花）の風輪、三角形（笠）の火輪、円
形の水輪、方形（基礎）の地輪となっている。五輪塔が他の塔と性質を異
にする点は、塔身といった部分がないことである。強いていえば他の塔
の塔身にあたるものが水輪部であろう。

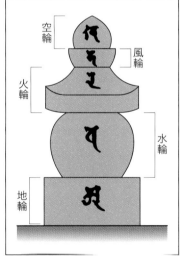

　一般的に各輪には上からキャ（空）、
カ（風）、ラ（火）、バ（水）、ア（地）の五
大種子（梵字）を刻んでいるが、これは
胎蔵界大日如来の真言をあて、塔本体
を大日如来としている。

　なお、多く見られる江戸時代の五輪
塔は、墓標（墓石）として造立され、火
輪の軒口（軒の端）が内傾し、四隅が跳
ね上がりをみせ、空輪の先端部の尖り
が顕著となり、支配者層の墓標には大
きなものが見られる。

① 宝蔵院の 五輪塔

那珂川町三輪（旧小川町）

旧小川町市街の「栄町」交差点から旧県道を1.5kmほど西進すると、国道293号に合流する。合流するすぐ手前の右側に宝蔵院（真言宗）がある。

寺伝によると、文亀2年（1502）、甚誉上人によって創建され、元禄8年（1695）に堂宇を修造して檀徒の帰依を集めたが、明治12年（1879）12月、火災によって堂宇灰燼に帰したが、同28年（1895）に再興し、昭和29年（1954）、本堂を改築して現在に至っているという。

本堂に接した東側の境内墓地に「五輪塔」（町指定）がある。五輪の各輪の高さは空輪（宝珠、23cm）、

宝蔵院の五輪塔

風輪（請花、17cm）、火輪（笠、39cm）、水輪（42cm）、地輪（基礎、34cm）で、総高1.55mの大きさである。全体的にどっしりとした造りで、重量感がある。宝珠の先端がやや尖り、火輪の軒反りや水輪の柔らかい膨らみが美しく、室町時代の造立と思われるが、『小川町文化財要覧』（町教委、昭和48年刊）によると、地輪に「宝永七庚寅年（1710）」と刻まれているというが、江戸時代のほっそりとした五輪塔の形状は、微塵も見られないので、何とも不可解な刻銘である。

② 早乙女坂の 五輪塔
さくら市早乙女

氏家市街方面から国道293号を北東進し、松山集落を過ぎて進むと「谷中入口」バス停がある。ここから0.4kmほど進むと国道（旧奥州街道）は大きく右に曲がって進むが、旧奥州道中はここで左折して直進し、間もなく緩やかな丘陵が南北に延びて上り坂（弥五郎坂）となる。

『東遊雑記』（古川古松軒著）に、「江戸を出でしより、この所初めて坂を越ゆるなり」とは、最初の坂「弥五郎坂」のことである。

この坂道の上り口右手の石段を上った所にある鞘堂内に、「弥五郎の墓」（市史跡）とか「尚綱の墓」と伝える五輪塔がある。

天文18年（1549）9月、宇都宮氏と那須氏との間で、激しい「早乙女坂の戦い」が展開されたとき、宇都宮城主尚綱（俊綱から改名）側は200人余の死者を出し、尚綱自身も烏山城主那須高資側の伊王野氏の家臣鮎瀬弥五郎實光が放った一矢で討ち死にし、宇都宮氏側は大敗北を喫したという。

高資は尚綱を討ち取った弥五郎に賞として十貫文を与えた。弥五郎はその十貫文で敵対して射殺した尚綱はじめ多数の戦死者を供養するため、早乙女坂の中腹に五輪塔を建立した。後世、この五輪塔は「弥五郎の墓」とか「尚綱の墓」といわれてい

早乙女坂の五輪塔

るが、供養のための五輪塔であるから、敵将尚綱をはじめ戦死者の供養塔であることは多言を要しない。そして激戦地の早乙女坂を鮎瀬弥五郎を称えて「弥五郎坂」と呼ぶようになったのであろう。

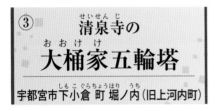

③ 清泉寺の
大桶家五輪塔
宇都宮市下小倉町堀ノ内（旧上河内町）

国道119号（日光街道）と国道293号が交差する「徳次郎」方面から293号を北東進し、県道63号（藤原宇都宮線）と交差する「中里原」を過ぎ、さらに進んで「下小倉西」信号を左折し、ここから0.6kmほど進み、東北新幹線の高架下を抜けると、すぐ先左側に清泉寺（浄土宗）がある。

清泉寺は、応永年間（1394〜1428）、上小倉の延寿寺（浄土宗）の隠居寺として東ノ内字寺ノ内に創建され、浄法寺と号したが、その後、土地の有力者によって下小倉字芳添に移転し、さらに当寺14世のとき、大桶氏が当地を領有すると、現在地に再移転して清泉寺と号して菩提寺にしたという。

山門を潜ると正面に本堂があり、境内には安産子育地蔵尊（元文2＝1737年）や薬師堂（薬師如来像安置）などがあり、本堂に隣接した西側の墓地内に、五輪塔2基が並んで建っている。台座を含めた総高は、右側がおよそ1.6m、左側が1.55m

清泉寺の大桶家五輪塔

の比較的大きな五輪塔で、造塔年代は近世初期とされている。

この五輪塔2基は、下小倉村庄屋（名主）大桶家祖の大桶備前とその妻の墓で、戒名は善誉現信士（慶安3＝1650年卒）、浄誉受清信女（承応2＝1653年卒）。大桶備前は、宇都宮国綱（22代宇都宮城主）の家臣であったが、宇都宮氏の改易後、帰農して土着し、庄屋を務め、大桶家の祖となった。この意味でこの五輪塔2基は、近世初期の在地有力者の墓標として貴重である。

なお、墓地手前の境内には、総高3m強の途轍もなく大きい宝暦7年（1757）銘の宝篋印塔がある。

白沢地蔵堂の
宇都宮市 五輪塔

地蔵堂の後ろに凝灰岩製の五輪塔がある。塔高は1.4mだが、台座を含めると総高1.8mの大きさである。

伝承（説話）によると、建久2年（1191）、伊沢家景が奥州総奉行に任命されたので、妻子と多くの部下を引き連れて、鎌倉を発って奥州へ

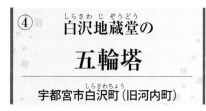

④ 白沢地蔵堂の

五輪塔

宇都宮市白沢町（旧河内町）

宇都宮市街から県道125号（氏家宇都宮線。通称「白沢街道」）を北上し、白沢宿方面に向かうY字路信号を右折して進むと、宿南端の手前約0.3kmの右側に、白沢地蔵堂がある。付近には駐車場がないので、お堂近くの道路端に注意して駐車して欲しい。

白沢地蔵堂の五輪塔

向かったが、宇都宮まで来たとき、子の菊丸が発病し、翌日、稚児ケ坂（王子マテリア日光工場近く）で病状が悪化して命を絶った。そこで道路脇に葬って供養し、一行は後ろ髪をひかれる思いで奥州へ向かった。里人はこれを哀れみ、誰いうとなく、この坂を稚児ケ坂と呼ぶようになり、白沢地蔵堂の五輪塔は亡くなった菊丸の墓だというようになった。この五輪塔は石造塔婆の一種で、いわゆる追善供養塔である。

この地蔵堂の境内は狭いが、お堂付近には色んな石造物が造立されている。その一つが丸みを帯びた舟形光背浮彫の六地蔵で、一石に三体ずつ二段に彫った珍しいものである。総高0.85mだが、造立年は不詳である。

進すれば、右側に興禅寺（臨済宗）がある。寺に接した西側に参詣者専用の大きな駐車場がある。

寺伝によると、正和3年（1314）、宇都宮8代城主宇都宮貞綱が開基し、創建されたという。宇都宮氏の保護を受けて寺領148石を領する大寺で、多くの塔頭が並んでいたが、慶長2年（1597）、宇都宮氏の改易によって廃れたが、同6年（1601）、奥平家昌が藩主として入部すると再興された。しかし、戊辰戦争のさい

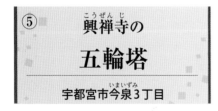

⑤ **興禅寺の**
五輪塔
宇都宮市今泉3丁目

JR宇都宮駅前近くの田川に架かる「宮の橋」手前の県道125号（白沢街道）を北上すると、県道64号（県庁前通り）と「今泉町」信号で交差する。ここを左折して150mほど西

興禅寺の五輪塔。左端には小さく見える「奥平家昌・忠昌」供養塔、右側には巨大な「宇都宮貞綱・公綱」供養塔

132

堂宇が焼失し、現在の本堂は昭和43年（1968）に再建されたものである。

　山門を潜って本堂に向かう左側に、「宇都宮貞綱・公綱の墓」と伝える巨大な五輪塔2基と、この左側に前者が余りにも大きいので目立たない「奥平家昌・忠昌の墓」と伝える五輪塔2基がある。いずれも墓ではなく後に造立された供養塔である。塔の総高は、それぞれ貞綱約3.35m、公綱約3.45m、家昌約1.1m、忠昌約1.05mで、造立年代は不詳である。

　宇都宮貞綱（1264～1316）は、晩年に出家して蓮昇と称し、号を興禅寺としたので、寺名は貞綱の号を付したものである。貞綱の子公綱（1302～56）は鎌倉時代から南北朝時代の動乱期に活躍した坂東武者として名を馳せたことで知られ（『太平記』）、晩年には剃髪して仏門に入った。

　奥平家昌（1577～1611）は、父信昌・母亀姫（徳川家康の長女）の子で、宇都宮10万石の藩主として入部すると、城下の寺院興隆に努め、興禅寺などを再建したが、城内で死去すると、興禅寺に埋葬されたが、寛文9年（1669）に江戸品川の清光院に改葬された。家昌の長男として生

まれた忠昌（1608～68）は、江戸の藩邸で死去すると、葬儀は菩提所の興禅寺で行われ、27日法要も同寺で営まれた。このとき、家老奥平内蔵允正輝と同族奥平隼人が口論となり、刃傷に及んだ。このことから後に「江戸牛込の浄瑠璃の仇討ち」事件が起こるが、ここでは割愛したい。

　興禅寺の墓地内に「奥平内蔵允正輝夫妻の墓」と伝える石塔があるが、のちに造立された供養塔である。石塔は方形角柱を塔身とし、その上に別石の笠石・宝珠をのせた石塔婆の一種で、比較的簡単な造りで、塔身はともに基礎を設けて据え、笠塔婆と呼ばれているものである。

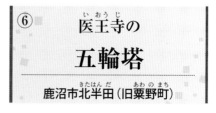

⑥ 医王寺の
五輪塔
鹿沼市北半田（旧粟野町）

　鹿沼市街から国道293号を南下し、「磯町」交差点で右折して、ここから県道307号（深程楡木線）をおよそ1.5kmほど西進すると、右側（北側）に医王寺（真言宗）専用の駐車場がある。ここに車を置いて、すぐ西側の医王寺参道を少し進むと、

堂々とした山門(仁王門)、次いで
金堂、唐門、講堂が一直線上に配さ
れている。

　講堂西側の境内墓地内に、安山岩
製の五輪塔2基(県指定)がある。も
ともと寺域にあったものではなく、
寺東方の縁故地から移されたもので

医王寺の五輪塔

あるという。

　向かって左側の五輪塔は総高約
1.4m、右側は総高約1.3mで左側よ
りわずかに低い。両方とも水輪は地
輪と火輪・風輪・空輪の両方から押
しつぶされたような形状で、全体的
にどっしりとした塔である。特に火
輪は幅の厚い軒が先端で少し反って
いる。右側の空輪の先端は尖ってい
る。

　左側の塔の空・風輪は、右側に比
してやや小ぶりであるが、各輪には
大日法身真言(ア・バン・ラン・カ
ン・ケン)の五梵字が鮮明に刻まれ
ている。

　この五輪塔の造立年代について、
調査された前沢輝政氏(故)は鎌倉
時代とし、冨祐次氏(故)は鎌倉時
代末期前後としているが、『かぬま
の歴史(普及版)』に佐々木茂氏は
「年代未詳ながら、南北朝時代から
室町時代にかけての特徴がよくみえ
る」と記している。

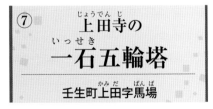

⑦　上田寺の
一石五輪塔

壬生町上田字馬場

宇都宮市幕田町西端を流れる姿川

上田寺の
壬生町 一石五輪塔

に架かる淀橋を渡ると、「淀橋南」信号がある。ここを右折して、ここから国道121号を1.8kmほど西進すると、「上田」信号に差しかかる。ここを右折して0.5kmほど北進すると、右側（東側）に上田寺（日蓮宗）がある。

上田寺の一石五輪塔

上田寺は、もと身延山久遠寺の末寺で、寺伝によると建治元年(1275)、日忍が開山し、正応2年(1289)に日礼が堂宇を建立したという。

本堂東側の墓地内に、数基の五輪塔がある。うち3基をここに示したが、いずれも「一石五輪塔」である。中央の五輪塔は、水輪・地輪は完全だが、火輪の上半と風輪・空輪が欠損している。左端・右端の2基はともに総高1.1mほどの大きな凝灰岩製の一石五輪塔で、火輪の平面形が三角を呈し、造立年は不詳だが、鎌倉時代末期前後ころのものであろうか。

⑧ 常楽寺の
鳥居家累代の墓

壬生町本丸1丁目

壬生市街を南北に通る県道18号（小山壬生線）の「壬生町役場入口」に接した「足利銀行」信号を左折し、0.12kmほど西進したところで右折しておよそ0.25kmほど北進すると、左側に向陽山 常楽寺（曹洞宗）がある。

寺伝によると、寛正年間(1460

135

常楽寺の
鳥居家累代の墓

〜66）、壬生城主壬生胤業は、地内
の車塚にあった密教寺院を禅宗に改
宗し、現在地に移して常楽寺を開創
し、壬生氏一族の菩提寺にしたとい
う。壬生氏については、「雄山寺の
宝篋印塔」の項（147ページ）で触れ
るので省略する。

　壬生氏滅亡後、慶長7年（1602）に
日根野氏が壬生城主となり、幕末ま
で阿部氏、三浦氏、松平氏、加藤
氏、鳥居氏の五氏が続いた。正徳2
年（1712）、近江国水口から鳥居忠
英が壬生藩主として入封し、以後7
代、157年間、江戸幕府滅亡まで当
地を治世し、常楽寺を菩提寺とし
た。

　境内墓地に「鳥居家累代の墓」（町
史跡）がある。この五輪塔は巨大な
墓標で、総高およそ2.5m、五輪塔
を載せる基壇は五段に積み重ね、そ
の高さ約1.5mという異例のもので

ある。宝珠の先端が突出し、火輪の
軒は妙な反りを見せ、また四隅が王
冠のように跳ね上がって全く自由に
変形し、中世の重厚な美しさは寸分
見られない。さらに地輪の高さを長
くしている。

　長く高い地輪の正面に「鳥居家累
代之墓」と刻み、右側の側面に「鳥
居家の墓地は、鳥居家の開基によ
る東京本郷区駒込の江岸寺墓地に
あったが、墓地整理によって昭和
4年（1929）4月、墓碑を常楽寺へ移
して、鳥居家累代の墓とした」旨を
刻み、左側の側面に「施主　鳥居忠
一」と刻んでいる。

　再度見上げ眺めると、形は異様だ

常楽寺の鳥居家累代の墓

が、上から順に空・風・火・水・地輪と組んでいるので、江戸時代の巨大墓標の典型的な五輪塔である。江戸時代には各階層の墓標として造立されるが、いかにも支配者（藩主）鳥居家のものらしく、巨大な作例として特記されよう。

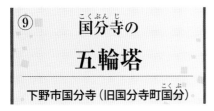

⑨ 国分寺の 五輪塔

下野市国分寺（旧国分寺町国分）

JR小金井駅方面から国道4号を北上して、「小金井北」交差点を左折し、県道44号（栃木二宮線）を西進、姿川に架かる宮前橋を渡り、ここから1.4kmほど進むと右側に国分寺（真言宗）がある。ここは下野国分寺跡（国史跡）の北東約1.0kmの地に位置する。

現在、国分寺は無住の寺院であるが、嘉永3年（1850）に編まれた『壬生領史略』（『壬生町史』資料編＝近世・付録所収）によると、聖武天皇のとき建立された下野国分寺が、天正年間（1573～92）、兵火によって焼失して灰燼に帰し、その後、今の地に再建されたという。

境内に「五輪塔（3基）」（市指定）がある。3基の五輪塔は凝灰岩で造られ、いずれも空・風・火・水・地輪をほぼ完全な形で遺している。総高は左端が2.27m、中央が最も大きく2.45m、右端が最も小さく1.9mで、これらは前記の『壬生領史略』に「聖武皇帝塔・光明皇后塔・行基菩薩塔」と記しているが、銘がないので造立年代は不詳である。ただ、形の整った大型で、地輪は方形に近く、水輪はやや押しつぶされた膨らみをもった安定感をもち、火輪（笠）の軒端四隅の線がほとんど垂直であ

国分寺の巨大な五輪塔

ることや、全体的に堂々とした重量感のある塔形であることなどから、鎌倉時代後期以後の造立と思われる。県内の五輪塔では優品の中に含まれよう。

⑩ 大中寺の
五輪塔
栃木市大平町西山田（旧大平町）

　栃木市街方面から県道11号（栃木藤岡線）を南下し、「ぶどう団地入口」信号を右折して1.8kmほど西進すると、「大中寺の森」への案内標識があるので、ここを右折して約0.5km北進すると、大中寺（曹洞宗）の参道入口に着く。入口の左側に寺専用の大駐車場がある。

　久寿元年（1154）、真言宗寺院として開創されたが、延徳元年（1489）、快庵妙慶禅師を迎えて曹洞宗に改め、小山氏、越後の上杉氏の庇護を受け、慶長17年（1612）には江戸幕府から曹洞宗大僧録職となり、関東における曹洞宗の中核寺院（関三刹＝武蔵国の龍穏寺・下総国総寧寺・下野国大中寺）となった。

　大中寺の名が広く知れわたったのは、上田秋成『雨月物語』中の一節「青頭巾」に代表される七不思議の伝説による。

　本堂に接した左奥に開山堂がある。この堂の左奥の墓地内に皆川城主隆庸（1581～1645）の娘「おとら様の墓」（市指定）という「五輪塔」がある。

大中寺の五輪塔（おとら様の墓）

「おとら」は皆川広照の孫にあた
るが、彼女は父の勧めで遠山刑部
少輔秀朝の妻になったが離縁の後、
父の勘当を受け、伝えによると、や
むなく京都に出て紅白粉などを商っ
ていた。自分の存在を何とか後世に
伝えようと、皆川家の菩提寺金剛寺
（現・栃木市皆川城内町）では父へ
の遠慮があるため、祖父縁の大中寺
を選び、愛用の櫛かんざしを身代わ
りに葬って、五輪塔を建立して墓所
にしたと伝えている。

　五輪塔は、台石・基礎（上部に
反花座）の上に、総高およそ2mの
空・風・火・水・地輪を載せてい
る。損壊箇所のない見栄えのいい五
輪塔だが、造立年代は不詳である。
しかし、火輪の軒口が羽を広げたよ
うな妙な反りを見せ、内傾するとと
もに四隅が跳ね上がり、空輪の先端
部の宝珠は2つに分けられ、とんが
り帽子のように尖りが著しく、全体
的に大きい造りであることなどから、
江戸時代半ばころの造立と思われる。

　北関東自動車道「足利IC」の西方
近くの県道208号（飛駒足利線）を、
ここから3kmほど北上すると、左
側に金蔵院がある。

　金蔵院（真言宗）は、寺伝による
と大和長谷寺の末寺で、永享年間
（1429〜41）の初め、山城国醍醐寺
無量寿院13世俊海の開山という。
境内は『新編足利浪漫紀行』（平成9
年刊）の菊地卓氏によれば、金蔵
院の寺域は足利尊氏に仕えた高階
氏一族の南氏の居館（1町四方＝約
109m）で、現在も寺域の西側に土
塁跡がわずかに遺っているという。

　境内に「南氏の五輪塔（1基）」（市
指定）がある。これは南遠江守宗

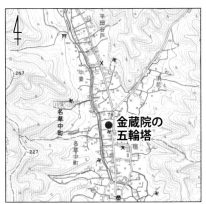

139

金蔵院の五輪塔

継の孫宗氏の墓塔で、反花座（高さ15cm）の上に五輪塔（高さ1.2m）が載っている。空輪・風輪が一石からなり、火輪は比較的小さめであるが、軒口の反りが強く、水輪は火輪と地輪に押しつぶされた形状を呈している。地輪に「永興寺殿法名性雨永和元年（1375）十二月二十三日」の銘が刻まれている。五輪塔5基からなる「南氏墓所」は、清源寺境内の山中にあるので、次に触れておこう。

清源寺（臨済宗）は、金蔵院の北西方0.4kmの山麓にある。金蔵院の南方近くを右折して少し西へ進むと、名草川が南流している。名草川に架かる橋を渡って川沿いを北進すると、左側に清源寺がある。

寺伝によると、開基は南宗継、開山は虎関師錬の高弟で京都東福寺28世の大道一以という。南氏の菩提寺で、山門前から約0.2kmほど山中を西進すると、右側（北側）に「南氏墓所」（市指定）がある。

墓所は安山岩製5基の五輪塔からなり、遺存状態は良好である。五輪塔の高さは左端から右端へ順に、1.43m、1.3m、1.45m、1.45m、1.4m

南氏墓所の五輪塔

塔の中に清源寺殿（宗継。應安四年<ruby>辛 亥<rt>かのと い</rt></ruby>三月二十九日没）や南寶寺殿、<ruby>称 念寺<rt>しょうねん じ</rt></ruby>殿などの法号がみられる。南寶寺は現存する真言宗の寺院であり、称念寺は名草小学校の敷地にあった<ruby>時宗<rt>じ しゅう</rt></ruby>の寺院であったといわれている。

　別項で触れたように、清源寺の境内には県内唯一と思われる特異な「石燈籠」があるので、是非、清源寺を訪ねて、これを見てから、山中にある「南氏墓所」に足を運び、じっくり五輪塔を観察されることをお勧めしたい。

で、左端から2番目が1.3ｍと低いが、ほかの4基はほぼ同じ高さである。いずれも空輪・風輪は一石で、形状などにわずかな違いはあるが、概ね前記した金蔵院の「南宗氏の五輪塔」に類似している。なお、五輪

（五）宝篋印塔

「宝篋印塔」は、「五輪塔」とともに造塔数の多い石塔で、大半は供養塔として造立されたが、近世には墓塔として造られたものが多い。このため著名な中世の武将の供養塔を「誰々の墓」と呼んでいるものが見られる。

宝篋印塔は、構造的に基壇上に基礎、塔身、笠、相輪（伏鉢・請花・九輪・請花・宝珠）を積み上げ、普通、塔身の四面に四仏の種子を彫り、供養塔として造られている。平面的には相輪を除いてすべて四角である。笠の四隅に隅飾突起を造り出している。塔身の四仏とは金剛界四仏で、東（ウーン）、南（タラーク）、西（キリーク）、北（アク）のことである。相輪は露盤・請花の上に文字通り九輪が刻まれ、上部請花の上に宝珠が造り出されている。

基礎の部分は、関東型と関西型には異なった特色があり、本県の場合は関東型であるので、反花座の下に二区に分けられた枠内に格狭間を彫り出し、また反花座の上にも二区に分けられた枠が形どられ、種子（または銘文）が彫られている。

江戸時代中ごろからは、途轍もなく大きな宝篋印塔が造られるようになり、例えば清泉寺（宇都宮市下小倉町）境内墓地の入口近くには、宝暦7年（1757）銘のある3m強の宝篋印塔がある。

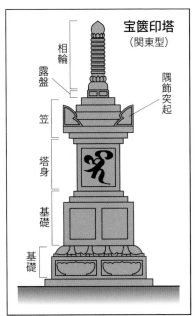

宝篋印塔
（関東型）

相輪
露盤
隅飾突起
笠
塔身
基礎
基礎

① 横川の 宝篋印塔

日光市横川（旧藤原町）

国道121号（会津西街道）を上三依方面から福島県境の「山王トンネル」へ向かって北上すると、左側に「横川番所跡（関所）」案内標示がある。この先すぐ右折すると旧国道121号で、ここから横川宿に入る。

横川宿は、会津西街道の陸奥・下野国境の山王峠（906ｍ）南麓にあって、江戸時代の初めは会津藩領であったが、下野国となるのは寛文年間（1661～73）といわれる。寛永20年（1643）保科正之の会津入部以来、会津西街道は会津藩に重視され、江戸への参勤交代に度々利用されたので、山王峠を含む同街道の整備は、会津藩によって進められた。

正之は寛文元年（1661）に糸沢村（現・福島県南会津郡南会津町）にあった口留番所（藩境や交通要地に設けた関所に類する施設）を横川へ移し、番所役人は会津藩から二、三人交替で出張して務めた。

横川宿に入って進むと、右側に「三依姫の供養塔」と伝えられている「横川の宝篋印塔」（2基。市指定）の案内標識がある。左右の2基とも基壇から宝珠まで欠損箇所のない優品である。

左側の宝篋印塔は総高1.1ｍで、各部の高さは基壇（10cm）、基礎（22cm）、塔身（16cm）、笠（20cm）、露盤（5cm）、相輪（伏鉢・請花・九

横川の宝篋印塔（伝説三依姫の供養塔）

輪・請花・宝珠。36cm）。基礎と露盤は共に中央で二つに分けた枠内に格狭間を彫り出し、基礎の下の基壇上部に反花座（かえりばなざ）を設けた関東型のものである。

右側の宝篋印塔は総高1.18mで、各部の高さは基壇（14cm）、基礎（20cm）、塔身（16cm）、笠（29cm）、露盤（5cm）、相輪（36cm）。細部の造り方は左側のものと同じである。

左右とも屋根の部分に当たる笠の四隅に隅飾（すみかざり）突起（とっき）があるが、直立した古様の形状を呈している。銘が刻まれていないので、造立年代は不詳であるが、室町時代の造塔と思われる。

古くから「三依姫の供養塔」と伝えられているが、三依姫は全くの伝説上の人物である。その伝説とは次のようである。

室町時代、川崎城（かわさき）（現・矢板市川崎反町（かわさきそりまち）・館ノ川（たてのかわ））の城主塩谷左衛門尉（しおのやざえもんのじょう）の娘は、三依郷六ヶ村（横川・上三依・中三依・独鈷沢（とっこざわ）・五十里（いかり）・芹沢（せりざわ））を化粧田（けしょうでん）として持参し、会津田島の田島城主長沼氏に嫁いだ。しかし、生家の塩谷氏、婚家の長沼氏の相次ぐ滅亡によって悲運に遭遇し、姫は流浪の果てに病に罹り、嫁ぐ前の化粧田地であった三

依郷横川村を隠棲の地と定め、この地に辿り着いた。このころ温泉が湧出していた横川村で、湯治しながら淋しく生涯を閉じたといい、村人は薄幸な姫に同情して篤く葬り、姫を「三依姫」と称して、後に宝篋印塔を造立して後生（ごしょう）を供養したと伝えている。

また、近くの墓地には「三依姫の墓」という五輪塔がある。その真偽は別として塔高1.55mの大きさで、空・風・火・水・地輪が完備し、中世末ころの造塔と思われる立派なものである。

蛇足だが、「化粧田」とは、中世から江戸時代初期、上級武士の娘が嫁入りする際に持参する田地のことである。

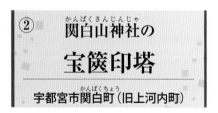

② 関白山神社（かんぱくさんじんじゃ）の
宝篋印塔
宇都宮市関白町（かんぱくちょう）（旧上河内町）

国道293号と県道159号（小林逆面線（さか づら）が交差する「中里（なかざと）」を北上し、東北自動車道の高架下をくぐって、ここから0.6kmほど北西進すると、県道右側の丘陵西端に関白山神社が鎮座している。県道脇の適当なとこ

ろに車を停め、わずかな石段を上れ
ばよい。

　関白山神社は、明治12年（1879）
の創始で新しいが、祭神は藤原利仁（ふじわらのとし）
（ひと）
仁である。

　社伝によると、延喜（えんぎ）年間（901〜
23）、高座山（たかくらやま）（高原山（たかはらやま）か）の賊蔵宗・
蔵安（くらやす）が群盗（ぐんとう）数千人と結んで掠奪（りゃくだつ）を
行っていたので、勅命を受けた利仁
はこの地に遠征して群盗を平定し
た。平定後間もない延喜12年（912）
10月18日、利仁はこの地で没し葬
られたと伝えている。

　後世、里人は利仁の偉大な事蹟の
湮滅を憂え、関白村堀（ほり）の内（うち）を利仁が
葬られた地であると信じ、有志の寄
附によってここに社殿を創建した。

　社殿に向かって左側裏手に、「藤
原利仁公の墓」（旧上河内町指定）と
伝える宝篋印塔が、祠の中に安置さ
れている。古色蒼然（そうぜん）として由緒あり

げであるが、陰刻された銘文は全く
判読できるものではない（『上河内
村史（上巻）』。

　『下野風土記（全）』（元禄（げんろく）元＝1688
年刊。昭和33年＝佐藤行哉校訂）
に、「関白村石塔」の見出しで詳述
されているが、この中ですでに江戸
時代初期には陰刻した文字が摩滅し
て判読が難しく、手の施しようがな
いことに触れ、「永和（えいわ）二年（1376）十
月十八日　此ノ所ハタシカニ見ユ、
アトハ消テ不見、丙辰（ひのえたつ）ナラン」と記
している。

　また、『河内郡誌』（大正6＝1917
年刊。昭和52年復刻）にも、「藤原
利仁ノ墳墓」の見出しで、賊平定後、

関白山神社の宝篋印塔伝藤原利仁の墓

「今ノ字関白ノ里に薨ジ玉ヒヌ。仍テ里人相計リテ社殿ヲ営ミ其尊霊ヲ奉祀ス、当社即チ是レナリ、境内ニ石碑一基アリ一名関白墳ト称ス（中略）梵字様ノ文字アレトモ全ク見ルコトヲ得ズ、辛ウジテ十月十八日ノ五字其形髣髴トシテ認ムベシ」と記し、藤原利仁に関わる石造物と断じられず苦慮している。

この宝篋印塔は、『下野風土記』記載のように、永和2年（1376）の造立と解するならば、「藤原利仁公の墓」とせずに、「藤原利仁の供養塔」とすべきであろう。

［付記］　藤原利仁は生没年不詳。平安中期の武将。民部卿藤原時長の子。延喜11年（911）に上野介となり、以後、上総介・武蔵守など坂東諸国の国司を歴任。この間の延喜15年（915）に下野で群盗を鎮圧し（「鞍馬蓋寺縁起」。社伝の年号と符合せず）、同年に鎮守府将軍を勤めるなど、平安時代の代表的な武人として伝説化され、多くの説話が残る。

『上河内村史（上巻）』によれば、この宝篋印塔の総高は1.42mで、うち最上の相輪は高さ0.41mである。また、「永和二年」の銘が基礎部に陰刻され、塔身の四面に梵字が刻まれているという。

③ 清巖寺の

宝篋印塔

宇都宮市大通り5丁目

JR宇都宮駅前から大通りを西に向かって進み、田川に架かる「宮の橋」を渡って200mほど進んで「上河原」交差点を右折し、150mほど北進して妙正寺（日蓮宗）手前の信号を左折して100mほど西進すれば、右側に清巖寺（浄土宗）がある。

寺伝によると、建保3年（1215）、5代城主宇都宮頼綱が宿郷御室に念仏堂を建てたが、天正元年（1573）、宇都宮氏の一族芳賀（清原）高継が兄高照の菩提を弔うため、念仏堂を現在地へ移して芳宮山高照院と号し、清原氏の一字を冠して清巖寺と称したという。

中門を潜った左側（西側）の墓地

入口に、「宇都宮頼綱（蓮生法師）の墓」、その右側に「芳賀高照の墓」、左側に「芳賀高継の墓」と伝えるものがある。宇都宮頼綱は京都で没し、右京区の三鈷寺（浄土宗）にあるので、清巌寺の墓と伝えるものは、後に造立された供養塔（宝篋印塔）である。頼綱（1172?～1259）については語ることが多いが、ここでは省くことにしたい。

「芳賀高照（?～1555）・高継（?～1593）の墓」と伝えるものは、ともに後に追善供養のために造立された宝篋印塔である。高照の供養塔は総高約2m、高継のものは総高約1.8mで、ともに欠損箇所がなく原形をよく保っている。

清巌寺の宝篋印塔

高照と高継は兄弟で、芳賀高経（?～1539）の子。戦国時代の秩序の乱れは、宇都宮氏の内部にもみられ、宇都宮興綱は結城政朝とともに18代城主忠綱を退け、19代城主となったが、芳賀高経は忠綱方に味方したので、興綱の死後、子の尚綱が20代城主になると、天文8年（1539）、飛山城（現・竹下町）を急襲して高経を自害させた。このため高照は出家して奥州白河に逃れ、その後の天文18年（1549）、那須高資に頼って早乙女坂（現・さくら市）の戦い（129ページ）で尚綱を討ったが、高照は芳賀氏を継いだ高定によって誘殺された。

高定は宇都宮氏の家督を安定させ、身辺の問題が解決すると、芳賀氏の家督を高経の遺子高継に譲り、自らは飛山城に移って余生を送ったという。

④ 雄山寺の
宝篋印塔
鹿沼市西鹿沼町

鹿沼市役所・御殿山病院・御殿山公園を取り巻くように道が通ってい

雄山寺の宝篋印塔（伝壬生義雄の墓）

るので、そのまま南西進すると、東武日光線に突きあたるので、その手前を右折して0.15kmほど西進すると、右側に雄山寺専用の大駐車場がある。ここに車を停めてもいいが、雄山寺に法要などがなければ境内まで進んで停めてもいい。境内に「壬生義雄の墓」への案内標示があるので、これに従って境内墓地の東端へ進めばよい。

　境内の墓地は広大だが、寺が「壬生義雄の墓」と称している墓所は、ここより東側の山中にあって、昼なおやや薄暗い感じのする箇所である。

　雄山寺（曹洞宗）の開創は不詳だが、『押原推移録』（文政13＝1830年刊）によると、前身は臨済宗寺院で光照寺と号したが、天文7年（1538）に曹洞宗に改めた。その後、寺は壬生義雄（「よしたけ」とも）の菩提寺となった。

　壬生・鹿沼両城主の壬生義雄は、皆川広照（皆川城主）とともに豊臣秀吉の小田原攻めに北条氏方として参加したが、その帰路、天正18年（1590）7月病没（死因不明）し、遺骸は雄山文英大居士と号してこの寺に埋葬され、寺号もこれまでの光照寺を改めて雄山寺にしたという。義雄には娘伊勢亀がいたが、男の嗣子に恵まれなかったので、壬生城と鹿沼城主を兼ねていた義雄の死によって、壬生氏の戦国時代は終焉となった。

　雄山寺境内東端の墓地に、宝篋印塔（伝「壬生義雄の墓」）がある。だが鹿沼市史普及版『かぬまの歴史』（平成19年刊）によると、「義雄の死

去した天正末年よりも全体的に古態(室町時代中期ころ)を示す」という。宝篋印塔は総高1.3m、基壇の高さ0.63mで、表に「雄山文英大居士 天正十八庚寅七月八日」(1590年)と陰刻されている。

なお、宝篋印塔の前に「慶応二丙寅年六月八日再造」の一風変わった石燈籠1対がある。

⑤ 雲龍寺の
宝篋印塔
鹿沼市寺町

鹿沼市役所方面から国道293号(例幣使街道)を南下し、「石橋町」信号を通り過ぎて0.2kmほど進むと、「寺町」信号がある。この先すぐの右側(西側)に雲龍寺(浄土宗)がある。寺町の町名は雲龍寺という

寺があることに由来する。

雲龍寺の山門外側に「鈴木石橋・山口安良先生の菩提所」と刻んだ石柱が建っている。鈴木石橋は儒学者で、『山陵志』の著者として著名な蒲生君平の師であり、山口安良は『押原推移録』の著者として後世に名を残した人物である。

さて雲龍寺の本堂に向かって左側(南側)に境内墓地がある。この墓地の入口手前の左右に、江戸時代初期の銘をもつ一対の宝篋印塔がある。構造的に下から基壇の上に基礎・塔身・笠・相輪を積み上げている。左側(手前)の塔の総高は1.57mで、基礎の一面に、「為浄

雲龍寺の宝篋印塔

悦菩提也　施主」「寛永拾三 丙 子歳七月十九日」（1636年）と陰刻し、右側の塔の総高は1.54mで、同じく基礎面に、「為 浄 頓菩提也　施主」「寛永十五 戊 寅歳十二月三日敬白」（1638年）と陰刻している。

　右側の塔は、相輪部の宝珠が欠けており、左側のものよりわずか2年ほど新しいが、ほぼ総高、時期とも同じとみてよいだろう。ここで注目したいのは、左右の塔とも相輪部の下の請花が模様化して大きく、宝珠下部の請花も同じように模様化していることである。また塔は全体的に細長く、笠部の隅飾突起は外部に反り、伏鉢・請花も彫刻過剰である。さらに相輪部の九輪は申し訳程度に少ない。このように江戸時代初期になると、これまでの宝篋印塔の姿はかなり変形してしまうので、大雑把に中世と近世との造立年代差を、素人でも見極めることができる。

⑥ 医王寺の
宝篋印塔
鹿沼市北半田（旧粟野町）

　医王寺境内の墓地に、安山岩製の宝篋印塔2基（県指定）がある。別項で触れた五輪塔2基とともに、この宝篋印塔も寺東方の縁故地から移されたものである。

　2基の宝篋印塔は左右に配され、基礎・基礎・塔身・笠・露盤・相輪の六つの部分からなる所謂「関東型」の典型的なもので、2基とも総高約

医王寺の宝篋印塔（上、右側）

医王寺の宝篋印塔（上、左側）

1.7mで、最下部の「基礎」は複弁
反花座下の四面を二区に分けて格
狭間をつくり、その上に二区に分け
た「基礎」を据え、輪郭をもつ塔身
をのせ、四段状の笠の頂部の露盤も
二区に分け、その上に相輪を立てて
いる。塔身には金剛界四仏種子の梵
字を刻んでいる。無銘であるが、県
内に存する宝篋印塔の中では古く位
置づけされ、鎌倉時代末期ころのも
のといわれている。

⑦ 宝蔵寺の巨大な

宝篋印塔

栃木市大平町下高島（旧大平町）

　両毛線「栃木駅」東方近くの県
道153号（南小林栃木線）をおよそ
4kmほど南下すると、東西に通る
県道311号（小山大平線）と「下高
島」で交差する。ここから153号を
0.75kmほど南進すると、「宝蔵寺」
への案内標示があるので左折し、わ
ずか0.3kmほど東進すると宝蔵寺
（真言宗）に至る。

　境内には「青木三太郎利長の墓」
（市指定）という巨大な「宝篋印塔」
（総高3.7m）がある。青木三太郎
利長は、榎本城（現・栃木市大平町
榎本・真弓）の城主本多正純の旧家
臣、徳川家光の側室で家綱（4代将
軍）の生母増山お楽（宝樹院）の父で

ある。墓碑銘に「承応三天（1654）甲午六月日」、施主は増山弾正少藤

宝蔵寺の宝篋印塔（青木三太郎利長の墓）

相輪部（拡大）

原正利（利長の長男弁之助）とある。

　この江戸時代に造られた「宝篋印塔」は、宝蔵寺に限ったことではないが、巨大な墓石で、全体的に細長く、笠部に載る相輪部は彫刻過剰だが見応えのある造りである。県内にこれだけ過剰に彫刻した相輪部は数少ないのではなかろうか。

　笠（高さ40cm）の四隅の隅飾突起は、外側に大きく反り返り、笠の上の露盤は有無がはっきりしないが、笠の上の相輪（高さ1.6m）は、彫りの深い請花、その上に反花、その上に請花、その上にドーナツを並べたような九輪が申しわけ程度にあり、その上に請花、その上の宝珠は先端をとんがり帽子のように著しく尖って、天に向かって突出している。

　笠の下に塔身（高さ60cm）、塔身とその下の基礎（高さ45cm）は、お粗末な反花で区切られ、その下に反花で区切られた基礎（45cm）、その下に基壇（高さ20cm）がある。基壇の上の基礎は二つに分け格狭間を彫り出している。

　ともあれ、笠の上の相輪部の彫刻過剰な造りは見事であるので、近世初期の宝篋印塔を知る上から一見することをお勧めしたい。

⑧ 光明寺の
宝篋印塔
小山市神鳥谷

光明寺の宝篋印塔

小山市役所に接した国道4号を、ここから1.1kmほど南下すると、右側（西側）に光明寺（天台宗）がある。ここは国道4号と同50号が交差する「神鳥谷」の手前0.38kmの地である。

光明寺は神明山千蔵院と号し、寺伝によると、仁寿3年（853）、慈覚大師円仁の開基によるといい、中世には亮珍、朝舜阿闍梨が法燈を継ぎ、以後、隆盛を極めたが、江戸時代の明和8年（1771）に不慮の火災で焼失した。その後間もない安永4年（1775）、舜英の代に堂宇などが再建されたという。

本堂近くの境内に、「宝篋印塔」

光明寺の
宝篋印塔

（市指定）1基がある。塔身に「応安二年（1369）聖高　逆修　十一月」の銘が刻まれている。もともと当寺にあったものではなく、長福寺跡（旧神鳥谷字長福寺、現・八幡町1丁目）から出土したものと伝えられている。

九輪の上部の宝珠は欠損しているが、基壇・基礎・塔身・笠・伏鉢・請花・九輪・請花は残存し、総高0.85mの大きさである。基壇の上部は反花座で、その上の基礎は二区に分け格狭間を彫り出した典型的な関東型の宝篋印塔である。

塔身の上の笠は階段状に三段が造られ、笠の四隅の隅飾突起がほぼ

真っ直ぐに立ち上がっているので、古式の宝篋印塔である証左である。

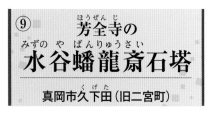

⑨ 芳全寺の 水谷蟠龍斎石塔

真岡市久下田（旧二宮町）

真岡鐵道久下田駅の南西方近くに芳全寺（曹洞宗）がある。蟠龍山護国院と号し、天文15年（1545）、常陸国下館城6代城主水谷蟠龍斎（正村。1521〜96）の開基で、近くに築いた久下田城（現・茨城県筑西市樋口）の祈願所とした。

蟠龍斎は、伊佐庄33郷（常陸国）、下野国の長沼庄12郷・中村庄12郷を領有し、しばしば下野への勢力拡大を図った。晩年は舎弟勝俊を養子として下館城を継がせ、自らは久下田城に隠居し、慶長元年（1596）同

芳全寺の 水谷蟠龍斎石塔

芳全寺の水谷蟠龍斎石塔

地で没した。

芳全寺境内の墓地に、慶長3年（1598）6月20日造立の総高1.3mの「水谷蟠龍斎石塔」（市指定）がある。関東型の宝篋印塔で、反花座の下に二区に分けられた枠に格狭間を彫り出し、また反花座の上にも二区に分けられた枠がかたどられ、種子が彫られている。伊豆の小松石を用いた優品だが、相輪部の宝珠が欠損している。

（六）板碑

　「板碑」は、本来、碑ではなく卒塔婆であり、塔婆は卒塔婆の省略形で、追善供養のために造立されたものである。板碑は、板状の石材を用いて造られた塔婆から付された名称であるので、「板石塔婆」ともいわれるが、関東では埼玉県秩父郡・比企郡地方などから産出する緑泥片岩を石材とするところから、「青石塔婆」などと呼ばれ、武蔵型板碑ともいわれている。江戸時代から慣用語として「板碑」の呼称が用いられるようになった。

　『下野の板碑』（佐藤行哉遺稿・今立鉄雄編。昭和46年刊）によると、本県の板碑は鎌倉時代から南北朝時代にかけて爆発的に多く造られ、室町時代後半になると急激に減少して消滅するようである。

　板碑の一般的な形状は、上部を二等辺三角形とし、その下に二段の切込溝をつくり、中央の扁平な部分を塔身とし、蓮華座の上に阿弥陀如来一尊の種子（梵字）を鋭い薬研彫にしている。その下に供養または没年などを示す紀年銘などが刻まれているが、紀年銘などは風化摩滅して判読できないものが多い。また、板碑の多くは寺や個人蔵などであるので、これらはコロナ禍を避けて探訪せずにすべて省略した。

① 氏家古町の
河原石塔婆群

さくら市氏家字古町

　国道293号（旧陸羽街道、通称「氏家バイパス」）と県道181号（上高根沢氏家線）が交差する「氏家」で、181号を約0.3kmほど南下すると、左側（東側）に左折して古町公民館へ向かう道がある。ここから0.1kmほど東進すると、公民館前の道沿い

に「河原石塔婆群」（市指定）がある。

　栃木県は武蔵型板碑の分布圏内であるが、長嶋元重（1925〜97）によ

氏家古町の河原石塔婆群

れば、氏家地方に限り、鬼怒川産の河原石（安山岩・花崗岩など）を加工して造られた石塔婆が存在しているので、これを一般的な板碑と区別して「河原石塔婆」と呼び、氏家地内には11カ所、17基が確認されているいう。

　これらのうち6基は、古町にまとまって存在しているので、「河原石塔婆群」と呼んでいる。各個の正面に梵字、造立年月日を陰刻し、上部に二本の横線を刻んだものがある。造立年は正安3年（1301）から嘉暦元年（1326）までのものである。

② 安善寺の

板碑

益子町大平

　益子町大平と茂木町天子との境に、ひときわ目立つ独立峰の秀麗な

芳賀富士（271.7m）が聳えている。南西方から山容を眺望すると、富士山に似ているところから付された山名だが、地元の方は「大平さん（山）」と呼んでいる。

　芳賀富士（大平山）の南西麓に、平貞能（生没年不詳。平安後期の

安善寺の板碑

156

武将。平清盛・重盛の側近）が開創したと伝えられている安善寺（浄土宗）がある。

安善寺境内の墓地内に、正慶2年（1333）銘の「板碑」（町指定）がある。貞能の100年忌に造立された追善供養の板碑（卒塔婆。秩父石）だが、これから逆算すると、貞能は文暦元年（1234）に入寂したことになり、享年80余歳ということになる。この板碑は往時は寺の堂内に安置されていたが、現在は大きな自然石に嵌め込んで、墓地の一角に建っている。板碑公開の一方法かも知れないが、決して賛成できる保存法ではない。『下野の板碑』（佐藤行哉遺稿。昭和46年刊）によると、弥陀の種子（梵字）の上に天蓋（仏・菩薩を飾る笠状のもの）があり、銘文に「其仏本願力　聞名欲往生　正慶弐年 癸酉三月九日　皆悉到彼国　自到不退転」と刻んであるという。

③ 恵性院の
石造卒塔婆
足利市小俣町

群馬県境に近い小俣町に恵性院（真言宗）がある。鶏足山の裏山、

恵性院の石造卒塔婆

城山の山丘が南へ緩やかな起伏の尾根を延ばすが、その鞍部を東西に切った切り通しを笛吹坂といい、その坂の西端に恵性院がある。

ここを訪ねるときは、両毛線小俣駅前から県道227号（小俣桐生線）を西へ0.5kmほど進んで両毛線踏切

恵性院の石造卒塔婆（伝稚児の碑）

157

を渡って約0.2kmほど進むと、県道から分かれて右折する道がある。ここから0.4kmほど北進すると、道の右側（東側）に恵性院がある。

　恵性院は小高い山の麓近くに建立されている。寺の裏山斜面に墓地があり、ここに「石造卒塔婆」（県指定）がある。卒塔婆は「そとうば」ともいう。

　この卒塔婆は、舟形の光背を思わせる板碑に、五輪塔を浮彫した五輪板碑で、凝灰岩製の基礎と塔身からなり、総高約1.4m、塔身の高さ約1.2m、幅は上部と下部ではわずかに違うがおおよそ0.4mである。塔身を平らに削った表面に五輪塔の形に浮彫し、水輪に梵字一字を大きく彫り、その下の地輪は通常の五輪塔に比べて大きく高く、ここに7行約70字の銘文が刻まれているというが、風化がひどく判読することはできない。

　これまでの調査によれば、銘文中に「笛吹」、「延文五」（1360年）の文字があり、地元ではこの塔婆を「稚児の碑」と呼んでいる。それは次のような伝説によるものである。

　鶏足寺（現・足利市小俣町、真言宗）の裏山中腹に塔頭の一つ明月院があった。ここに仏道修行のため京

から老僧に連れられて来た稚児（美少年信光）が住んでいた。

　信光は月光の夜などに、故郷を思ってよく悲しそうな音色の笛を吹いていた。明月院の麓に郷士大川義種の娘菊江が住んでいたが、いつしか美少年信光を慕うようになったので、老僧と頑固一徹な義種は二人の外出を禁じ、挙句の果て、菊江は義種から「家門を汚す不届き者め」といって殺されてしまった。一方、信光は謹慎のため寺に閉じ込められ、菊江の死も知らずにやつれ果て、死んでしまったという。

　村人は結ばれなかった二人の霊魂を慰めるため、坂の上にお堂を建て、この坂を笛吹坂と呼ぶようになり、法印尊光は客死した稚児の菩提を弔うため、五輪板碑（石造卒塔婆）を造立したと伝えている。

④ 満福寺の
板碑
野木町野渡

　国道4号（日光街道）を南下し、右手（西側）の野木小学校を過ぎると、間もなく「野木」信号の三叉路がある。ここを右折して県道261号（野

●満福寺の板碑

満幅寺の板碑

木古河線）を古河市街に向かって
0.6kmほど進むと、「野渡入口」バ
ス停がある。ここを右折して1km
ほど西進すると、右側に野渡コミュ
ニティセンターがある。この先す
ぐの右側に満福寺（曹洞宗）がある。
寺伝によると、明応元年（1492）の
創建で、開基は初代古河公方足利成
氏といわれている。
　境内の本堂前に「正元元年（1259）」
銘の「板碑」がある。総高1.3m、幅
0.43m、厚さ0.05mの大きさで、栃
木県内では最古の板碑といわれてい
る。中央に蓮華座の上に阿弥陀如来

一尊の種子（梵字）が深く彫り刻ま
れている。残念ながらこの下に「正
元元年十月日」、左に「孝子等」、右
に「敬白」と刻まれているというが、
今では風化摩耗して判読が難しい。
説明板に、「正元元年十月、亡き父
母のために孝子（子どもたち）が、
その何回忌かに追善供養のため板碑
を造立した」と記している。

Column 上阿久津の「七観音」

高根沢町上阿久津字中妻に「七観音」がある。国道4号を「新鬼怒川橋」方面から北上し、上阿久津地内に入ると、左側に小さな「中妻公民館」がある。

公民館の手前0.1kmの地に「中自動車工業」がある。これに接した北側の細い道を50mほど西進すると、左側（南側）に墓地がある。「七観音」は墓地の北西端にある。

七観音とは、千手観音・馬頭観音・十一面観音・聖観音・如意輪観音・准胝観音・不空羂索観音のことである。准胝観音は三目（眼）十八臂の像で、除災・延命・求児などの観音である。

上阿久津の「七観音」は、台石（高さ10cm）の上に基礎（高さ20cm）、その上に八角柱（八面。高さ68cm）、その上に笠（高さ19cm）、笠の上に請花・宝珠があるはずだが、欠損している。基礎から笠までの総高1.07mの大きさである。

八角柱の七面に七観音が浮彫され、残りの一面に「嘉永二己酉年（1849）三月十九日　願主よね　世話人組中」の銘が刻まれている。

八角形状の笠の端軒は丸みをもって反っている。准胝観音像は、丁寧に細かく浮彫されているが、顔面が風化摩耗して崩れているのが惜しまれる。しかし、一見の価値がある逸品である。

七観音

七観音のひとつ准胝観音

160

VI

六地蔵浮彫の「石幢」

必要あって箒川上流の史跡を散策したとき、新湯温泉街の一角に今も蒸気を噴出している爆裂火口跡近くまで足を延ばし、近くに鎮座する温泉神社を訪れ、境内の「石幢」を見た。「石幢」をじっくり眺めてみたのは、これが最初であった（平成4＝1992年）。

石幢は石造塔婆の一種だが、幢は幢鉾の意で、寺の須弥壇脇の飾りに見られる細長い布製の幢幡を、6組または8組を合わせた形として、石造物にしたものといわれる。中国ではすでに唐代に造立され、わが国に伝わると鎌倉時代以降、供養塔として造立され、六角幢が圧倒的に多いので、六面幢とも呼ばれている。

石幢の塔形には、重制（「じゅうせい」とも）と単制の2種がある。

重制石幢は、上から宝珠（「ほうしゅ」とも）・請花・笠、・龕部（六地蔵浮彫）、中台、竿（幢身）、基礎よりなるが、単制石幢は宝珠・請花、笠、竿（幢身）、基礎よりなっていて簡素である。

重制石幢は、外形が石燈籠に似ているが、石幢には笠に蕨手がなく、龕部に孔を穿って火袋（火口）とするところがないので、石燈籠との違いははっきりしている。

参考までに石燈籠は、上から宝珠・請花、笠（蕨手が付く）、火袋、中台、竿（節が付く）、基礎からなっており、仏殿、社殿の前に立てて、献燈するための石造物で、本来は仏殿前に1基を立てたが、その後、社前にも立てられ、左右に一対（2基）立てられるようになった。

石仏・石塔などの辞典に、「石幢」と「石燈籠」の違いについて、石幢の竿（幢身）には「節」がなく、石燈籠には「節」があると記しているが、栃

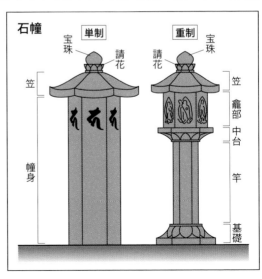

石幢

単制　宝珠・請花・笠・幢身

重制　宝珠・請花・笠・龕部・中台・竿・基礎

木県の場合、重制石幢の竿は、石臼状の円柱が3個積み重ねられ、それぞれの中央に「節」が見られる。このため重制石幢は、単制石幢よりも石燈籠に似た形をしているものが多いので、このような形状を呈しているものを「下野型石幢」と称している。

① 上川の 石幢

那須町寺子乙字上川

県道211号（豊原高久線）沿いの那須町役場前から1.2kmほど南西進して右折し、上川公民館を目ざして約0.9km進むと、東北新幹線が北東から南西に向けて走っている。新幹線の手前の十字路角右側（北側）に、虚空蔵尊を祀った社があり、これに接した北側に上川公民館がある。

さほど広くない社の境内前の右側に、数基の石仏群の中に石幢（重

制）がある。各部の高さは上から宝珠・請花（12cm）、笠（23cm）、龕部（23cm）、中台（15cm）、竿（幢身。35cm）、基礎（30cm）で、総高1.38mの大きさである。造立年は不詳である。

石幢はやや風化摩耗し、一部欠けたところもあるが、龕部に浮彫した六地蔵はよく遺っている。中台は龕部の六面に合わせて平面が六角形である。円柱状の竿は欠損して高さは

上川の竿部半壊の石幢

163

上川の虚空蔵尊社の石仏群

新湯温泉神社の石幢

通常の約半分で短い。この不自然さを調整して上手に基礎に嵌め込んでいるようである。基礎の上端部に反花座が半浮彫されている。

　なお、石幢の近くにある石仏の1基は、頭部が欠損しているので、器用な石工はあえて小さな頭部を造って載せているのが面白い（写真上右端）。

② 新湯温泉神社の
石幢
那須塩原市湯本塩原字新湯温泉（旧塩原町）

　この石幢は、もと元湯温泉（那須塩原市湯本塩原）にあった。元湯温泉は塩原温泉の発祥地といわれ、近世初頭には「元湯千軒」といわれたほど湯治場として賑わっていたが、万治2年（1659）2月晦日の大地震による山崩れで廃墟と化したので、元

湯から9軒が当地へ移住したのが、新湯温泉の起こりである。元湯温泉にあった温泉神社は、大地震後の正徳3年（1713）、石幢とともに新湯温泉街の現在地へ遷され、神社名は温泉神社となった。

　「新湯温泉神社の石幢」は、現在、

新湯温泉神社の石幢

小祠の中に安置され、『塩原町誌』（昭和55年刊）によると、幢身に「為一切聖霊亡　願主昌泉　永正十五年四月吉日敬白」という銘があるので、永正15年（1518）4月の造立で、願主昌泉によって奉納されたことがわかる。総高1.7m、石質は安山岩である。

この石幢は、典型的な重制石幢で、下野型石幢といわれているものである。

③ 上三依の 六面幢形六地蔵

日光市上三依（旧藤原町）

国道121号（会津西街道）沿い近くにある「上三依水生植物園」の北方約0.2km先の旧道（会津西街道）沿いに、「六面幢形六地蔵」がある。

一見したとき、竿（幢身）の欠けた重制石幢の龕部に陽刻された六地蔵かと思ったが、笠部の各角に石燈籠のようにしっかりした蕨手が設けられ、六地蔵が六角形の基礎に嵌め込まれているので、石燈籠でもなく、といって重制石幢でもないので、ここでは「六面幢形六地蔵」と称しておきたい。

石材がよいためか六地蔵は殆ど風化摩滅していない。余計なことだが、六地蔵とは地獄道を救う檀陀地蔵、餓鬼道を救う宝珠地蔵、畜生道を救う宝印地蔵、修羅道を救う持地地蔵、人道を救う除蓋地蔵、天道を救う日光地蔵のことである。残念なが

上三依の六面幢形六地蔵

ら造立された年代は刻まれていない。ともあれ地蔵信仰の功徳を誇示しているように感じられる六地蔵である。

④ 浄光寺の
石幢
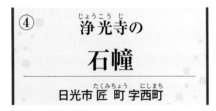

日光市 匠 町字西町

　別項（111ページ）で触れた浄光寺（天台宗）の境内墓地の入口右側に、総高1.6mの単制石幢がある。最上部の宝珠は欠けているが請花が辛うじて遺っている。以下、苔生した笠、六地蔵を浮彫した幢身、基礎がしっかり整っている。特に六地蔵の像形が見事に美しい。幢身の下半に銘が刻まれている爪彫で、私には判読できない。造立年不詳であるが、江戸時代半ばころの造立かも知れない。

　この石幢の左側には宝珠・笠、円

浄光寺の単制石幢

柱の竿、基礎のある石塔が見られるが、これに接して同形の石塔が数基存し、いずれも墓標のようである。

⑤ 小百地内の
石幢
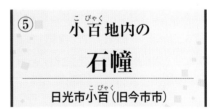

日光市小百（旧今市市）

　小百地内に2基の石幢がある。小百は鬼怒川の支流板穴川に合流する小百川が北西から南東に流れる谷沿いにあり、県道245号（栗山今市線）が小百川に並行して通っている。

　2基の石幢を訪ねるさいは、今市市街から大谷川に架かる大谷橋を

渡ってすぐの「大谷向（むこう）」交差点を左折して、県道245号を北上、さらに北西進し、「小百」交差点を右折、すぐ先の小百川に架かる小百橋を渡ると、左側に旧小百小学校がある。ここから0.5kmほど東進して左折し、山際の道をおよそ0.3kmほど北進すると、小百字石屋（いしや）に「石幢」（市指定）が右側の山際墓地内にある。

　この石幢は、総高約1.8mの重制石幢で、幢身に陰刻された銘は不鮮明で判読が困難であるが、市教委の「説明板」によると、天正（てんしょう）11年（1583）の造立とある。宝珠・請花は一石で形成し、笠は六角形、六角柱の龕部に六地蔵を浮彫している。中台は六角形で下部に蓮弁を模し、幢身は石臼状の円柱を3個組み合わせた下野型石幢である。

　小百字宿（しゅく）の「石幢」（市指定）は、

石屋脇の道を0.5kmほど北進し、宿の家並みが途切れた右側の墓地内

小百字石屋の石幢

小百字宿の石幢

にある。墓地はわずかほど山道を
上った左側にある。

　この石幢は、「石屋の石幢」と同
じく下野型石幢で、総高約1.5m、
幢身に造立年などが陰刻されている
が、かなり風化して摩滅し、加えて
苔が生しているので判読が困難であ
るが、説明板に「天正七年銘石幢」
(1579) と示している。

　蛇足だが、小百の石幢2基を見た
序でに、来た道を戻って旧小百小学
校に向かって西へ少し進むと、左側
に「小百田舎そば」という案内の標
示があるので、左折して少し進むと、
安くて、美味くて、量が多いという
評判の人気店がある。お勧めしたい
そば店だ。

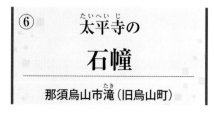

⑥ 太平寺の（たいへいじ）
石幢
那須烏山市滝（たき）（旧烏山町）

　烏山市街方面から県道10号（宇都
宮那須烏山線）を西進し、「滝入口」（たき）
信号を左折して1.5kmほど南進す
ると、右側に太平寺（たいへいじ）（天台宗）があ
る。左側（東側）東方近くには、「龍
門ふるさと民芸館」があり、その先
に「龍門の滝」がある。（りゅうもん）

　太平寺は、滝尾山 正 眼院（たき お さんしょうげんいん）と号し、
本尊は木造千手観音立像（県指定。
像高2.28m、室町時代作）。近くの
龍門の滝に因んで滝寺（たきでら）ともいわれて
いる。

　寺伝によれば、延暦（えんりゃく）22年（803）、
坂 上 田村麻呂（さかのうえの た むら まろ）の開基、嘉 祥（か しょう）元年

太平寺の石幢

（848）円仁（慈覚大師）の開山という。下野三十三観音第11番札所で、ご詠歌に「正眼寺　祈ればひびく滝の尾の　流れの末の　清きにたみ」とある。

　境内に総高2.3mの石幢（重制石幢）がある。上から一石の宝珠・請花、笠、六地蔵を浮彫した龕部、中台、竿、基礎から構成されているが、凝灰岩製のため浮彫の六地蔵と竿部はひどく傷み、今も崩れかけている。このため刻まれている銘は全くわからず、『とちぎの野仏』（成島行雄著。昭和52年刊）によると、「宝永元 甲申（1704）暦五月吉祥日　施主船山□□□成」と陰刻されているようである。

　さらに境内には、崩落で散った石幢の各部を集めて復元した重制石幢（復元総高1.65m）がある。一見すると左側の石幢より立派だが、下野型石幢といわれる竿部の石臼状の円柱は、3個積み重ねなければならないが、2個を何とか重ねている。竿部以外はしっかり原形を保ち復元されている。造立年などの銘は不明である。なお、現在この著名な寺は無住である。

⑦　伏久の
石幢
高根沢町伏久

　JR烏山線仁井田駅の北方近くの高根沢高校に接した西側の県道225号（花岡狭間田線）を0.8kmほど北西進すると、県道は右に折れて北へ進む。この右折する左側の角に「石幢」がある。

　この石幢は、方形の台石の上に幢身、その上に笠、その上は請花・宝珠になっている筈だが、頭巾で覆われているのでわからない。覆っている形状から見ると、請花が欠損し、宝珠が載っているようである。総高1.15mの大きさである。

　六角柱幢身の上半部に六地蔵を浮彫し、下半部に「文化七 庚 午年二月吉日」、「奉造立六地蔵大菩薩」「当

伏久の異様な単制石幢

村女人講中」と陰刻されている。文
化七年（1810）に伏久村の女人講中
によって造立されたことがわかる。

　六角形柱の六面に六地蔵が浮彫さ
れているので石幢であるが、龕部
と中台がないので重制石幢ではな
く、基礎、竿（幢身）、笠、請花（欠
損）・宝珠からなる単制石幢である。
ここで気になるのが笠部である。石
幢は重制、単制にかかわらず、石燈
籠ではないので、笠の軒に蕨手は造
り出さないはずだが、これには立派
な蕨手が付いている。思うに、江戸
時代後半になると、六地蔵を浮彫し
た単制石幢が造立されるようになっ
たので、本来の単制石幢の笠の形状
にとらわれず、石燈籠の笠部の形状
を採り入れるようになった一例であ
るかも知れない。

⑧ 中阿久津の
石幢六地蔵

高根沢町中阿久津

　中阿久津の「石幢六地蔵」は、宝
積寺台地の西端麓にある天満宮境
内の「中阿久津公民館・伝統文化伝
承館」に接した北側の墓地中央にあ
るので、国道4号からここを目ざ
して、およそ0.7kmほど東進すれ
ば、左側（北側）に中阿久津公民館
がある。ここは阿久津中学校の北方
0.3kmほどの地に位置している。

　この「石幢六地蔵」は、方形の基
礎（高さ31cm）上に、しっかりした
大きな請花（高さ16cm）を据え、そ

中阿久津の
石幢六地蔵

中阿久津の石幢六地蔵

上町の
石幢六地蔵

市貝町赤羽字上町

国道123号と県道61号（真岡那須烏山線）が交差する「下赤羽」から0.6kmほど東進すると、左側（北側）に赤羽小学校への入口がある。県道はこの先で大きくカーブして七井（益子町）方面に向かって南東へ向かう。このカーブして南東へ向かうところに、左折して北と東へ向かう二俣の道がある。この三叉路角に「石幢六地蔵」がある。

六角形の台石（高さ10cm）の上に基礎（高さ25cm）、その上に幢身（高さ92cm）、その上にやや丸みをもった笠（高さ20cm）、その上に請花・宝珠（高さ15cm）を載せている。台石・基礎の高さを除いた総高

の上に六角柱の幢身（高さ53cm）六面に六地蔵を浮彫し、これを覆う六角形状の笠（高さ17cm）は、丸みを帯びて軒が反り気味で、笠の上に露盤・宝珠（21cm）が載っている。欠損箇所のない見事な塔碑である。基礎から宝珠までの総高1.38mである。

確認はできなかったが、『高根沢町史（民俗編）』（平成15年刊）によると、「弘化四丁未年（1847）三月建立」の銘が刻まれているという。

上町の
石幢六地蔵

171

1.27mである。基礎の正面に大きく「女人講」と刻み、願主として6人の名を連ねている。また、側面に「明治十六年十二月再建」、「赤羽村」とあるので、何らかの理由で当初の石幢が失われたので、再造立されたことがわかる。

　外見上は体裁よく六地蔵を半浮彫にしている。しかし、「再建」とはいえ、江戸時代に造立された重制・単制石幢に比べると、石工が精魂をこめて造立した重厚な姿勢は少しも見られず、軽薄な造りを感じる六地蔵である。再造立した石工には悪いが、見栄えのいいものを造って路傍に安置し、里人たちの礼拝対象に力

上町の石幢六地蔵

点を置いた造立物と思われてならない。江戸時代と大正時代の石工たちの時代的な感覚の差によるものであろうか。

⑩ 中之内の
石幢六地蔵
芳賀町下高根沢字中之内

　祖母井市街から県道69号（宇都宮茂木線）を西進すると、南北に通る県道156号（石末真岡線）と交差する「下高根沢」信号がある。ここから0.4kmほど直進すると、南流する野元川に架かる仲之内橋がある。この橋を渡った一段低いすぐ左側に、見過ごしそうな簡素な屋根に覆われた中に「石幢六地蔵」がある。

　台石（高さ10cm）の上に基礎、その上に幢身、丸形の異形の笠、請

中之内の
石幢六地蔵

中之内の石幢六地蔵

花、宝珠を載せた幢身の短い単制石
幢である。基礎から宝珠までの総高
は1.55mで、「文政八年(1825)二月
六日」の造立の銘が刻まれ、基礎に
「念仏講中」と刻まれ、石幢の左側
にかなり傷んだ地蔵尊・十九夜塔が
ある。

⑪

寶林寺の
石幢六地蔵
宇都宮市上欠町

県道3号(宇都宮環状道路)と県道
6号(宇都宮楡木線)が交差する「宮
環鶴田陸橋」(角に東京インテリア

家具)から0.4kmほど南下し、右折
してここから楡木街道を1.6kmほ
ど南西進すると、上欠陸橋の手前に
左折する道がある。ここを左折して
道なりに少し進んで陸橋の下をくぐ
り抜けると、右側に寶林寺(天台宗)
がある。左折して寺院前まではわず
か0.3kmである。

寶林寺は明星山寶蔵院と号し、
寺伝によると、建武3年(1336)、慈
泉和尚の開基で、中興の開基は諶栄
和尚(佐渡加茂郡出身)という。山
門前に享保3年(1718)10月建立の
宝塔石経櫃(釈迦堂)がある。石櫃
の上に像高約65cmの釈迦坐像が安
置されている。

「石幢六地蔵」はこの石経櫃のす
ぐ近くにある。方形の台石(高さ
30cm)の上に六角形の基礎(高さ
15cm)があり、その上に六地蔵を浮
彫した六角形の幢身(高さ58cm)、

寶林寺の
石幢六地蔵

寶林寺の石幢六地蔵

その上に石燈籠の笠に似た六角形の軒隅に隆起した蕨手（2個欠損し4個遺る）のついた笠（高さ20cm）がある。笠の上の請花・宝珠は欠損している。基礎から笠までの総高93cmである。立派に六地蔵を浮彫した石幢だが、造立年の銘はなく不詳である。おそらく江戸時代後期ころに造立されたものであろう。

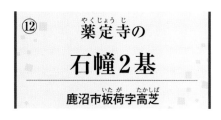

⑫ 薬定寺の
石幢2基
鹿沼市板荷字高芝

鹿沼市街方面から県道164号（板

荷玉田線）を北西進し、板荷小学校付近で県道は西へ向きを変え、ここから0.7kmほど進むと、板荷郵便局近くで県道149号（小来川文挟石那田線）に合わさる。郵便局から0.4kmほど進んで右折し進むと、薬定寺（真言宗）に至る。

薬定寺本堂に接した東方近くの墓地入口の小堂前に、石幢が2基がある。右側の「石幢」（重制石幢、市指定）は、上から宝珠・請花は一石からなり、その下に笠、六地蔵を浮彫した龕部、中台、石臼状の円柱を3個積み重ねた竿（幢身）、基礎からなる下野型石幢で、陰刻された銘に永正九年（1512）とあり、さらに「逆修」とあるので、生前に死後の冥福を祈って仏事を行い、造立された優品である。

少し離れた左側にも「石幢」（重制石幢）がある。右側の石幢と違うと

薬定寺の
石幢2基

ころは竿（幢身）部で、石臼状の円柱3個を重ねない、のっぺらぼうの

薬定寺の下野型石幢

薬定寺の未指定下野型石幢

円柱であることである。造立年は不詳であるが、小堂の前に左右一対として建っているので、造立年はほぼ同時期と解してよさそうである。なぜ市教委は、左側のこの石幢を市指定にしないのだろうか。精査して指定して欲しいものである。

⑬ 薬王寺の

石幢

鹿沼市石橋町

　鹿沼市街の国道293号（例幣使街道）と県道14号（鹿沼日光線）・県道4号（鹿沼街道）が交差する「石橋町」信号からおよそ0.1km南下して右折し、西に入る道（通称「薬王寺馬場」を参道としている）を0.1kmほど進むと、薬王寺（真言宗）である。

薬王寺の石幢

寺伝によると、薬王寺は医王山阿弥陀院と号し、木造薬師如来坐像を本尊とし、33年に一度開帳される秘仏で、平成3年（1991）に開帳されているので、次回は2024年なので間近い。弘長年間（1261～64）の創建というが、柳田芳男（故）の『かぬま郷土史散歩』（平成3年刊）によると、慶長13年（1608）の「今宮再建棟札」に権大僧都弘意を開山第一世としているという。ともあれ当寺は、当地方真言宗の拠点寺院であった。

本堂に接した右側に、石塀で囲いされた庫裡がある。この庫裡の前庭に「石幢」があるが、外からは見ることができないので、玄関の呼鈴で事情を話して見学させていただくとよい。

石幢は総高1.3mで、一応、下から基礎、竿（幢身）、中台、龕部、笠、請花・宝珠からなっている重制石幢の形態をとっているが、中台以下基礎までは後補のものである。さらに竿部は石燈籠の火袋を模して献燈できるように造られている。外見上は面白いが、龕部から上半は石幢だが、中台から下半は石燈籠を模しているのは残念だ。造立年は不詳である。

⑭ 深岩観音堂の

石幢

鹿沼市深岩

鹿沼市街より県道14号（鹿沼日光線）を西進し、日向辻交差点を

薬王寺の石幢

深岩観音堂の全景

古峰ヶ原方面に向かって0.9kmほど進むと、左側に鹿沼西小学校がある。この学校前近くで右折して0.8kmほど北東進すると、左側に岩本神社がある。神社手前を左折して、細い道を少し進むと、岩山（深岩山。328m）の南西麓に、「深岩観音」の案内標示がある。

深岩観音堂の石幢

標示近くの箇所に駐車し、ここから狭いおよそ170段ほどの急な頼りない石段を、息絶え絶えの思いで10分ほどかけて登ると、深岩山の中腹にやっと着く。やっとである。卒寿を目前にした私には、かなりキツイ参道（石段）であった。

登りきってから、しばらく呼吸を整えて眼前に目をやると、そこに巨岩の洞窟内に廃寺となった、下野三十三観音第30番札所の満照寺の朱塗りの観音堂があった。

目当ての「深岩観音堂の石幢」（市指定）は、観音堂の左手前にある。総高1.56mの安山岩製で、宝珠・請花、笠、龕部（六角柱で、六面に地蔵を陽刻する六地蔵）、中台（六角で、下部は蓮弁を模様化している）、幢身（竿）、基礎がきちんと遺っている立派なもので、天文6年（1537）造立の下野型の重制石幢である。

幢身に銘文が刻まれているが、風化して判読しにくいが、市教委の説明板に次のように記している。

奉造立六地蔵　薩埵□□佛　右者
為□□　妙秀禅定尼
逆修□□也　于時天文六年丁酉
七月□日　敬白

［註］　ルビと「薩埵」、「禅定尼」「逆修」

177

の意は筆者が付した。

　「薩埵」は菩薩、「禅定尼」は禅尼のことで、在家のまま仏門に入り、剃髪している女性。「逆修」とは、生前にあらかじめ死後の冥福を祈って、仏事を行うこと。

　満照寺の廃寺は、安政年間（1854〜1860）ころといわれているが、寺院の創始年代などは不詳。伝承では平安時代、弘法大師が諸国行脚のさい、聖観世音菩薩像を本尊として刻み、安置したのが寺の起こりといい、本尊は観音堂に安置され、33年に一度開帳される秘仏だという。

⑮ 西木代薬師堂境内の
石幢
上三川町西木代

東刑部町（宇都宮市）方面から県

西木代薬師堂
境内の石幢

道158号（下岡本上三川線）を南下し、宇都宮市域から上三川町域に入ると、すぐバス停「西木の代」がある。その脇に「上三川町指定文化財」（有形文化財　天棚　薬師堂　石幢）の案内標示があるので、ここを右折して0.7kmほど西へ進んで左折し、路地を50mほど行くと、右側に薬師堂がある。薬師堂に向かって右側前の簡単な屋根に覆われた中に石幢がある。

　重制石幢であるが、基礎・竿部が欠損している。中台（高さ11cm）から上の龕部（高さ21cm）・笠（高さ15cm）・請花・宝珠（高さ合わせて18cm）が遺っている。残存総高

西木代薬師堂境内の石幢

65cm。龕部に浮彫された六地蔵は、比較的良い状態で見られる。町教委の『かみのかわ歴史百話』（平成12年刊）によると、「町内には4基の石幢があるが、薬師堂境内の石幢は、町内で初めて確認されたので、基礎・竿は欠けているが、町文化財に指定した」という。造立年不詳である。

⑯ 歓喜院の
石幢

壬生町羽生田字新郭

　羽生田は壬生町の北西部に位置し、黒川左岸の台地上に立地する。歓喜院（真言宗）が羽生田小学校に接した北側にある。

　歓喜院は、寺伝によれば嘉応2年（1170）の創建という。当初は現在

歓喜院の石幢

地の北西方に築かれている長塚古墳（県史跡）付近にあったが、火災に遭って衰微したので、延文4年（1359）、隆智が現在地に移して再興したと伝え、その後再度火災に遭って堂宇を焼失し、現在の建物は享保年間（1716〜36）に建立されたものという。

　山門をくぐって本堂に向かう左手側に、竿部と宝珠・請花を欠いた石幢（重制石幢）がある。かなり傷んだ基礎（高さ10cm）は六角形を呈し、摩耗した六角形の中台（高さ18cm）の上に六地蔵を六面に浮彫した龕部（高さ25cm）があり、その上に摩耗した丸みを帯びた六角形状

の笠が載っている。笠の上の宝珠・請花は欠けて遺っていない。造立年は不詳である。

⑰

慈眼寺の
石幢六地蔵

下野市小金井

東北本線（宇都宮線）JR小金井駅前の「駅前」信号から国道4号を0.8kmほど北上すると、国道左側に慈眼寺（真言宗）がある。

寺伝によると、建久7年（1196）、上野の豪族新田義兼を開基として、新田一族の祈願所として建立され、その後の応永8年（1401）、京都の醍醐松橋無量寿院の俊海の高弟長宥法印を迎えて中興第一世とし、以後、同寺の末寺として隆盛を極めたという。

境内に大正10年（1921）12月造立の「石幢六地蔵」がある。平面六角

慈眼寺の石幢六地蔵

慈眼寺の三面地蔵浮彫の石塔

形の台石（高さ33cm）の上に六角形の基礎（高さ31cm）を据え、その三面に一字ずつ「念仏講」と太文字で刻み、その上に六角柱の塔身（高さ88cm）を載せている。この六角面に淺彫の龕を穿ち、六地蔵を半浮彫している。

次の江戸時代後期に造立されたと思われる「国分寺の石幢六地蔵」に似た造形であるが、これと見比べると甚だしく粗悪な彫像で、見るに堪えないものである。期せずして大正時代に再造立された「上町の石幢六地蔵」（市貝町赤羽、171ページ）も同じような造りであることを思い出し、石工の技量が江戸時代と大正時代ではこんなに違うものかと思われてならない。

［付記］　慈眼寺境内の墓地奥の一角に、「慈眼寺歴代住持の墓域」がある。墓域内には、享保18年（1733）〜天明5年（1785）造立の立派な単制無縫塔が沢山建ち並び、江戸時代後半の造立と思われる宝篋印塔3基や、角柱の三面に三地蔵を浮彫した石塔がある。

この石塔は、これまでの「石幢六地蔵」とは異なっていて、『国分寺町史（民俗編）』（平成13年刊）に「三面石幢地蔵」と記している

ものである。石塔の各部の高さは基礎（25cm）、請花（17cm）、塔身（91cm）、笠（22cm）、露盤・請花・宝珠（33cm）で、総高1.88mの大きさである。塔身に造立年の銘が刻まれているが風化摩耗しているので、判読に苦しんだが、「元禄十四年（1701）七月十日」のようである。また一面に「辯雄法印」と陰刻され、歴代墓域に建立されているので、石幢から変形した墓塔のように思われる。それにしても三面に彫りくぼめて三地蔵を浮彫した三面地蔵は逸品である。

⑱ 国分寺の
石幢六地蔵
下野市国分寺

国分寺（真言宗）については、別

181

項（137ページ）で触れたので省く。

　境内の南端に「石幢六地蔵」がある。これはこれまで触れた石幢六地蔵と大きく異なっているのは、最初から幢身の上の「笠」と、その上の「請花・宝珠」が造られていないことである。

　全体の造形を見ると、台石の上の「基礎」（高さ40cm）が何と二つに区切られ、区切った上部に「国分村女人講中」、下部に「女人講中」と同じことをしつこく陰刻しているので、二つの異なった基礎を上手に重ねているように思われる。また、基礎の上に幢身を直接載せるべきだが、基礎の上に丸く加工した後捕の基礎？

国分寺の石幢六地蔵

（高さ15cm）を載せて、その上に請花（高さ15cm）、その上に龕を穿って六地蔵を浮彫した六角柱の幢身（高さ66cm）を載せている。不可解な基礎を含めた総高は1.39mの大きさで、造立年は不詳であるが、江戸時代後期のものであろう。

　なお、石幢に「女人講中」と陰刻したものは前述した「伏久の石幢」（高根沢町、169ページ）にも見られるが、東京都青梅市には「二十三夜待供養」のためと陰刻した石幢があるというから（『日本石仏事典』雄山閣。昭和50年刊）、女性による月待信仰によって、この国分寺の石幢六地蔵も造立されたものと解される。

⑲　本県最古の
満願寺の石幢
小山市立木

　小山市街から思川に架かる観晃橋を渡って、ここから県道31号（栃木小山線）を約1.5kmほど北西進すると、左方近くに満願寺（天台宗）がある。

　この寺は、日光山勝長寿院と号し、建保6年（1218）、小山朝政が父政光の菩提を弔うために建立したと

本県最古の
満願寺の石幢

伝えられているが、また、同年、日
光山座主弁覚僧正が日光山 寂 光寺
より三社権現・中禅寺立木観音を勧
請して創建し、小山氏の菩提寺とし
たのが満願寺の始まりとも伝えられ
ている。

立派な山門近くの寺専用の駐車場

満願寺の石幢

に車を停め、山門をくぐり境内に入
ると、すぐ左側に鞘堂がある。ここ
に「満願寺の石幢」（市指定）が安置
されている。

鞘堂の中にあるため、細部にわ
たっての観察はできないが、宝珠・
請花、笠の各部は失われ、幢身は一
石を六面に加工した、いわゆる単制
の石幢（六面石幢）で、基礎は五輪
塔の水輪を利用した後補のものであ
る。

『小山市史（通史編Ⅰ）』（昭和59年
刊）によると、「幢身の頂には、径
2.5cm、深さ12cmの円孔が穿って
あり、ここに納経したとみられる」
といい、さらに幢身の各面の上部に
は、「バン（大日）以下、カーン（不
動）の各梵字が一字ずつ大きく陰刻
され」、梵字ウーンのある面に造立
年が陰刻されているが、安山岩であ
るため風化・摩滅が著しいため、判
読が難しいようである。

しかし、地元の武井佐久三・町田
清作両氏の精査や、さらに千々和
実氏による実査によって、文治4年
（1188）9月11日の造立であることが
判った。

従来、石幢は鎌倉中期より始まる
とされていたが、満願寺の例から鎌
倉初期には造立されていたことがわ

183

かった。特に武井氏は、苦心の末、次のように造立年を解読している。

文治四年九月十一日 甲辰
下野国□□□藤原政光入道□西造立也

さらに武井氏は、この石幢を「伝小山政光逆修塔（ぎゃくしゅとう）」と解し、案内板にも「小山政光逆修塔」と示している。

上記のように宝珠・請花、笠の各部が失われ、基礎は後に補った五輪塔の水輪（鎌倉時代）を利用しているが、わが国の石幢としては初期のものとして知られ、小山氏と深い関わりをもつ満願寺に、小山一族によって造立された本県最古の石幢として注目されている。

⑳ 特異な光明寺（こうみょうじ）の
石幢六地蔵
小山市神鳥谷（ひととのや）

小山市役所の南方1.1kmの国道4号に沿った右側（西側）に、神明山（しんめいざん）千蔵院（ちぞういん）と号する光明寺（こうみょうじ）（天台宗）がある。当寺については「宝篋印塔」（市指定）の項で触れたので省略したい（153ページ参照）。

「石幢六地蔵」は、本堂に向かっ

特異な光明寺の
石幢六地蔵

て左前にあって、「宝篋印塔」に接した近くに造立されている。方形の台石（高さ15cm）の上に六角形の幢身（高さ78cm）、その上に笠が載っている。笠の上に請花・宝珠があったはずだが欠損している。幢身の六面に1体ずつ六地蔵が浮彫されてお

光明寺の笠塔婆様石幢六地蔵

184

り、一面に「宝暦二 壬 申天（1752）二月吉日」造立の銘が刻まれている。台石上から笠上までの総高1.28mである。

六地蔵は、幢身の各面を彫りくぼめた下半部に浮彫にしているので、通常の単制石幢とは趣を異にしている。分類の上では六面柱の幢身に笠をつけているので、単制石幢の仲間に入るが、造立者はこれを「石幢」と自覚しているかどうかは別問題として、恐らく笠塔婆造立と同じ心持ちで造立したように思われてならない。

田沼町の石幢

㉑ 田沼町の

石幢

佐野市田沼町

東武佐野線田沼駅の南西0.5km

の地、下町 東 公園に接した東側のさほど広くない墓地の南東端に石幢（市指定）がある。

重制石幢で、総高1.8m、基礎に「寛延四年 辛 未 閏六月二十四日念仏供養 下田沼中」の銘があるので、寛延4（宝暦元）＝1751年の造立である。ちなみに各部の高さは、基礎20cm、竿（幢身）65cm、中台20cm、龕部40cm、笠20cm、請花・宝珠15cmである。竿に節があるので下野型石幢で、破損箇所がなく、よく整った石幢である。

㉒ 長徳院の
石幢
足利市松田町宮前

　足利市街方面から桐生に向かって県道67号（桐生岩舟線）を西進し、「松田新道入口」信号を右折して、ここから県道219号（松田葉鹿線）を板倉町を経て約1.5kmほど北進すると、左側に長徳院（曹洞宗）がある。

　わずかな石段を上ると、本堂前の参道左側に石幢（市指定）がある。総高1.84mの重制石幢で、各部の高さは下から基礎0.1m、竿（幢身）0.7m、中台0.2m、龕部0.3m、笠0.2m、請花・宝珠0.34mである。請花と宝珠は一石で蓮弁を刻んでいる。笠は屋根勾配が丸みをもっている。龕部の六面に六地蔵を半浮彫

長徳院の石幢

し、中台は蓮弁（単弁）を刻み出している。竿に「奉供養六地蔵幷石橋十夜皆佛也　宝永元年（1704）十月吉日」と陰刻している。

　なお、県道219号沿いの松田町域には、色々な野仏があるので、併せて探訪することをお勧めしたい。

長徳院の
石幢 ●

㉓ 光明寺の
石燈籠様石幢六地蔵
野木町野渡

　小山市街方面から国道4号を南下し、「野木」信号のところを右折して県道261号（野木古河線）を0.6km

左側の石塔は、方形の基礎（高さ25cm）、角柱形の火袋を含めた竿（幢身。高さ104cm）、笠（高さ20cm）、露盤・請花・宝珠（高さ31cm）で、総高1.8mである。角柱（四面）の上部の火袋と中部の三面に二体ずつ浮彫された六地蔵とは区切られている。角柱の一面に銘が刻まれているが爪彫で風化しているので、私には判読が難しい。

右側の石塔は、方形の基礎（高さ30cm）、角柱形の火袋を含めた竿（幢身。高さ112cm）、笠（高さ25cm）、請花・宝珠（高さ24cm）で、左側のものよりわずかに高く、総高1.9mである。角柱上部の火袋の下の中部の三面に二体ずつ六地蔵が浮彫され、一面に「宝永三丙戌年六月廿日」「清□入童子　妙椿禅定尼」ほかが刻まれているが、判読できない。1706年の造立のようである。左側の石塔はこれより少し

ほど進むと、最初の「信号」がある。この信号からほんの少し進んで右折、ここから0.7km進むと右側に光明寺（浄土宗）がある。

山門を潜ると正面に本堂がある。本堂左側の広大な境内墓地の入口に、六地蔵を挟んで左右に、仮称「石燈籠様石幢六地蔵」がある。宝珠、笠、竿、基礎からなる石造物であるが、何とも不可思議なことは、宝珠の下は笠付角柱形で基礎も四角形であること、竿（幢身）にあたる角柱の上端に石燈籠にみられる火袋があっても、火袋を受ける中台がないこと、角柱の中部の三面に二体ずつ六地蔵が浮彫されていることである。また、石燈籠の笠には独特な蕨手がつくのに、この石造物には蕨手がない。そこでここでは仮に「石燈籠様石幢六地蔵」と呼ぶことにした。

光明寺の
石燈籠様石幢六地蔵

光明寺の六地蔵

角柱三面に2体ずつ浮彫の六地蔵。左右とも、角柱上部に火袋を設けている

後に造立されたものであろうか。

　ともあれ、「石燈籠様石幢六地蔵」と仮称したことや、素人の私には判読できない刻銘は、拓本などによって判読できると思われるので、識者のご教示をお願いしたい。

多種多様な「庚申塔(こうしんとう)」

庚申信仰は、60日に一度巡ってくる庚申の晩に行った民間信仰の一つである。長い間、庶民の間に根強く続いてきた庚申信仰、その功徳を道教の三尸説によると、「人間の腹の中にすむ三尸（三匹の虫）が、常に人間の命を害そうとしている。ところが人間は知らないうちに罪を犯している場合が多く、これが60日も経つとかなりの罪となる。三尸は庚申の晩、本人の寝しずまったころを見計らって、そっと体から脱げて天に昇り、天帝にその罪過を密告すると、人間は長生きできない」という。

　誰しも若死には好まないので、この晩は共同で飲食しながら徹夜して語り明かし、夫婦の交わりは禁忌とされた。庚申の晩に庚申信仰の仲間（庚申講）は、家単位で加入し、血縁・集落・組・有志などで構成され、この一堂に会して行う行事を庚申待という。

　このような庚申信仰の形態は、文書として残されることはなく、「庚申」「庚申塔」と陰刻した文字塔や、青面金剛像を主尊に下部に三猿や二猿を彫った庚申塔など多種多様なものが造立され、県下各地の路傍などに遺っている。

　邪鬼を踏まえ、三猿を伴った庚申塔が、苔生して埃にまみれて路傍に立っている姿、ときおり花が添えてあるのをみると、まだまだ見捨てられた神でないこと知りほっとする。寺の境内に群在する庚申塔の多くは、道路工事などによって路傍にあったものが掻き集められ、廃棄物化されたように思われてならないが、この後すぐに紹介する浄光寺（日光市）の庚申塔のように、境内に持ち込まれずに、門前にあるのが正解であろう。以下、幾つかの庚申塔を取り上げてみたい。

① 浄光寺の
日光型庚申塔

日光市 匠町ほか

　「神橋」交差点を左折して中禅寺湖方面に向かって国道120号を0.3kmほど進むと、左手に竹内物産店支店名があるので、ここを左折して0.8kmほど西進すると、浄光寺（天台宗。匠町）の山門前に至る。

　山門は日光唯一の石屋根で、板橋石で葺かれている。浄光寺は還源山妙覚院と号し、寛永17年（1640）、

浄光坊と往生院が合併して開創された。

山門に向かって右側に10余基の「庚申塔」が群在している。立派な文字塔の「庚申塔」もあるが、注目されるものが二猿を半浮彫にした庚申塔である。日光といえば、東照宮の陽明門や眠猫とともに、神厩舎の三猿（見ザル・聞かザル・言わザル）を想起するが、何と日光の庚申塔は、大半が向き合っている二猿であるので、「日光型庚申塔」といわれている。

庚申塔はいずれも総高1m強の大きさで、頂端は三角形をなし、その上部に日天・月天を半浮彫にし、その下に二猿が向かい合って、これまた半浮彫にしている。文字は吽（ウーン）の梵字の下に続いて「奉信礼庚申供養」などと刻んでいる。中には角柱の中央に「庚申塔」と太文字を力強く陰刻したものもある。

日光市稲荷町1丁目の虚空蔵社や

浄光寺の日光型庚申塔

浄光寺の文字塔庚申塔

浄光寺の二猿庚申塔

191

虚空蔵社の二猿庚申塔

稲荷神社の二猿庚申塔。中央部に二猿を半浮
彫している

稲荷神社の二猿庚申塔。下部に二猿を半浮彫
している

稲荷神社_{いなりじんじゃ}にも「日光型庚申塔」があ
る。虚空蔵社のものは浄光寺のもの

に類似し、塔の上部に日天・月天、
二猿が半浮彫されているが、稲荷神
社の2基のうちの1基は、上部に日
天・月天を半浮彫、中央に梵字の下
に「青面金剛供養」と陰刻し、下部
に二猿が向き合って半浮彫されてい
る。もう1基は上部に日天・月天を
半浮彫し、中央部の上に梵字、その
下に「青面金剛供養」と陰刻し、そ
の上端左右に二猿を向かい合わせた
これまでのものとは違っている。「日
光型庚申塔」を丹念に探し求め歩く
と、きっと面白い発見があるかも知
れない。

② 法蔵寺の巨大な
庚申塔

日光市大桑町(旧今市市)

今市市街方面から国道121号(会津西街道)を鬼怒川温泉方面に向かって進むと、「倉ヶ崎新田」交差信号で121号は、旧道「会津西街道」と「大桑バイパス」に分岐する。ここを左折して旧道を進み、大桑町の宿に入るところで、旧道は直角に右折して鬼怒川温泉方面に向かうが、直角に折れたところを左折して0.3kmほど西進すれば、法蔵寺の山門前に至る。山門前から左側の坂道を少し上りきったところが法蔵寺(浄土宗)で、本堂前に駐車場がある。

寺伝によると、康応元年(1389)、新田義貞の一族によって倉ヶ崎城

跡(旧今市市倉ヶ崎)の麓に創建されたが、承応年間(1652〜55)、または万治2年(1659)、会津西街道の整備にともない、現在地に移ったと伝えている。戊辰戦争のさい、山門を遺して焼失したので、現在の堂宇は明治時代初年に再建されたものという。

広い境内の墓地には、数多くの石造物が存し、じっくり見て歩くと、半日はかかりそうである。それほど多くのいろいろな石造物が其処彼処に群在、散在している。

法蔵寺境内で真っ先に目につくのが、延宝4年(1676)造立の台座の上に載っている巨大な「庚申塔」であ

法蔵寺の巨大な二猿庚申塔

る。台座を含めた総高およそ4mと思われる角型石塔で、塔正面の上部に日天・月天をあしらい、その下に二猿が見事に向かい合っている。その下の中央に「奉供養庚申石塔現安穏後生善所」と大きく陰刻し、その左右側面に「延宝四丙辰禾」、「十月十一日」と造立年月日を刻み、下部に大きく蓮華を立体的に刻み出している。

　また、塔の左右側面に「大桑町一当拾五人　此内川室新田弐人」、「大桑町一当拾四人　当寺九代勤誉」と造立者が刻まれているが、これによって大桑町の二つの庚申講が一緒になって、この庚申塔を造立したことがわかる。栃木県内にこれほど大きな庚申塔はないのではなかろうか。

③ 押上水神社の 庚申幸神碑

さくら市押上（旧氏家町）

　別項で触れたように、押上の水神社は県道62号（今市氏家線）沿いにある。神社境内の外側県道沿いに、珍しい貴重な「庚申幸神碑」が、「月待供養塔」（七夜待本尊）の脇にある。

　「庚申幸神碑」は、総高1.3m、中央部の幅0.65mという大きな自然石（河原石）に太文字で刻まれた文字塔で、「明和元年冬霜月吉祥日」の年号が刻まれている。明和元年（1764）冬霜月（陰暦11月）の造立年は何とかわかるが、全体的に表面が摩耗しているので、爪彫の細字は不鮮明で全く判読できない。そこで『氏家町史（民俗編）』（平成元年刊）によると、造立は「押上邑惣連衆」によるもので、某修験僧によって導入された塔であるという。

　この碑の類例を見ない特異さは、「庚申」と「幸神」（塞神＝「サイの神」）が同一視された神仏習合の文字塔であることであろう。

　「庚申」の申は「猿」から、江戸時代には記紀神話の神「猿田彦神（猿田彦大神）」との関わりをもたせ、天孫降臨にさいして、その道案内を

押上水神社の
庚申幸神碑

した神として、道祖神・塞神（サイノカミ）との結びつきを強めた。塞神は悪霊の侵入を防ぐため、村境や辻・峠などに祀られた神であるので、道祖神・道陸神ともよばれ、『日本書紀』などの岐の神もこれにあたるといい、自然石・石像・文字碑・陰陽石など、さまざまな形態のものが造られた。

こうして道祖神としての性格から、旅の安全を守る神、生殖の神、縁結びの神として、猿田彦神は庚申信仰・道祖神との結びつきを強めたので、神仏習合の文字塔として、押上水神社の「庚申幸神碑」は造立されたのであろう。

押上水神社の庚申幸神碑

④ 観音堂前の

庚申塔

栃木市田村町

栃木市街から県道44号（栃木二宮線）を東進すると、国府南小学校前で南北に通る県道296号（小山都賀線）と交差する。交差点から44号をわずか0.4kmほど東へ進むと、県道南側に観音堂がある。観音堂の東方近くの県道北側に星の宮神社がある。

観音堂は、丸山古墳（円墳径約50m、市指定）の墳頂部を削平して建立されている。観音堂へ上る石段口の左右に碑塔群（16基）がある。左側に十九夜供養塔・馬頭観世音・無縫塔など11基、右側に庚申供養塔（5基）が並んでいる。

左端の庚申塔は、総高1.05mの

● 観音堂前の
庚申塔
田村町

文字碑で「奉造立庚申供養塔」と刻んでいるが、単なる文字碑と異なっ

観音堂前の三猿庚申塔

邪鬼を踏む青面金剛像

て、下部に横溝を彫ってその下に三猿を半浮彫している。全体的に風化摩耗しているので、造立年などは判読できない。

　5基中央（左から3番目）の庚申塔は、総高0.98m、上部に瑞雲のある日天・月天、邪鬼を踏む主尊青面金剛像は六臂で、中央手を合掌し、左手の輪宝・弓、右手に剣・矢を持ち、頭上にどくろの天冠を付けている。造立年代不詳である。

⑤ 柴中の
庚申塔
栃木市西方町元字柴中（旧西方町）

　楡木町（鹿沼市）方面から国道293号（例幣使街道）を南下して思川に架かる小倉橋を渡って進み、「西方総合支所西」信号の次の信号で県道

柴中の庚申塔

3号(亀和田栃木線)と分岐するが、右折してそのまま293号を0.4kmほど進んで最初の信号を右折し0.1kmほど進むと、左側に「JR葬祭センターかみつが」がある。ここに車を停めさせていただき、道を挟んだ右側(北側)にお堂(柴中)がある。

　このお堂に接した西側に、地蔵菩薩・庚申塔・十九夜塔・馬力神など多数の碑塔が並んでいる。そのうちの1基に辛うじて判読できる「宝永元甲申年」(1704年)と「奉造立庚申供養」銘のある「庚申塔」がある。塔は舟形光背に忿怒の青面金剛像を浮彫にし、邪鬼を踏み、合掌手の他はそれぞれ弓矢などを持ち、下部に三猿が見られる。総高は台座の高さ20cmを含めて90cm、幅約35cmの大きさである。

宝永元年銘の邪鬼を踏む青面金剛像

柴中のお堂付近の石仏群

⑥ 八百比丘尼堂の 庚申供養塔

栃木市西方町真名子(旧西方町)

　都賀町大柿(栃木市)の「大柿十字路」交差点から県道37号(栃木粟野線)を北上し、真名子小学校近くの「真名子」信号を左折して、ここか

八百比丘尼堂の
庚申供養塔

ら北西方に向かって岡、男丸を経て3kmほど進むと、右手前方の丘陵麓に八百比丘尼堂が見える。

　この地は足尾山地の東端に位置し、南東流する赤津川とその支流が形成する谷間に集落が点在し、稀に見る自然の美しさにほれぼれした。そんな素敵な自然の一角に八百比丘

陰刻銘の難しい庚申供養塔

自然の美しい八百比丘尼堂付近

尼堂がある。付近一帯は自然を大切にして公園が整備され、落ち着いた池の中の自然石の上には、新しい造りではあるが、背の低い四つ脚を持った雪見燈籠があった。石造物に関心のない方でも、空気の澄んだこの美しい真名子の自然を、是非散策して欲しいものである。この公園は「ふるさと創生事業」の一環として、平成3〜10年に整備されたものである（八百比丘尼公園）。

　余りにも自然の美しさと、「八百比丘尼」という名に心が騒ぎ、「木造八百比丘尼坐像」（市指定）の説明板に目を留めると、おおよそ次のような説明があった（伝説ではあるが）。

　昔々、朝日輝命と夫人の夕日輝命が都より下って、この地（愛郷）に暮らすことになった。庚申様の恵みにより女の子を授かり、八重姫と名付けた。十五、十六歳になった八重姫の美しさは都まで聞こえ、天子様が姫を都に召し出そうとした。すると姫はこれを拒んで真名子の里を離れた。

　その途中、老翁（青面金剛の化身）に出会い、立派な家に案内され、幸せに暮らしていたが、四、五年すると両親が恋しくなり、真名子の里に戻った。だが辺りは一変して、知

人も自分の家もなくなっていた。

姫は自分の姿を池（姿見の池。真名子八水の一つ）に映してみると、少しも変わっていなかったので、長い年月が経ったとは思われなかったが、実は八百年が過ぎていた。やがて姫は尼となり、妙栄と名を改め、回国の旅に出かけた。

諸国の神社やお寺を巡礼し、最後に若狭国に庵を結び、そこで自分の像二体を刻み、一体は真名子へ送り、一体は若狭の小浜に残した。八百歳の長生きをした姫を偲んで、若狭国では八百大明神とし、真名子では八百比丘尼様として祀られ、今に至っているという。

この説明板を見てからお堂へ進むと、お堂付近に沢山の碑塔類があった。その1つが文字塔「庚申供養塔」である。大きな自然石（高さ約2m、幅約80cm）に筆太に「庚申供養」と刻み、その右側に「享保元杞丙」とあり、さらに続いて六文字が刻まれているが、うち二文字「黄鐘」は陰暦11月の別名でわかるが、ほかの四文字は手元の『学研漢和大字典』で調べたが、非才な私には解読できずわからない。享保元年は丙申（1716年）であるが、「杞丙」という文字もわからない。お教えいただ

きたい。

⑦ 西光院の
庚申塔
佐野市赤見町市場

佐野市街方面から県道237号（赤見本町線）を北西進すると、県道175号（山形寺岡線）に合流する。ここから175号を0.9kmほど進むと県道沿い左側（西側）に西光院（真言宗）がある。長和4年（1015）の創建という。

境内の一画に屋根に覆われて、十九夜塔・二十三夜塔・庚申塔などがある。その中の1基に変に色あせて残念だが、青面金剛像を主尊とした優れた庚申塔がある。主尊の右側端に「元禄七甲戌祀（1694）二月吉日」の銘が刻まれている。

総高1.2mの板碑型光背の上方左右に、日天・月天を表し、邪鬼を踏

西光院の庚申塔

星宮神社の庚申塔

んで立つ青面金剛像は四臂で、中央で合掌手の他は、それぞれ弓矢などの持物を持ち、宝冠にはドクロ（髑髏）を据えている。主尊の両脇には珍しく二童子を侍し、邪鬼の左右に鶏を配している。さらに最下部に三猿が陽刻されている。庚申塔の像形としては最たるものである。

西光院のわずか南の県道右側（東側）に、市場町公民館に接して星宮神社がある。近くの住人によれば、かつて神社境内には数十基の庚申塔があったが、境内の整備によって今では東端に無残にも一括廃棄されている、と言って案内していただいた。山と積まれた破損の庚申塔には見るべきものが多いが、その造塔数から、この地域の庚申信仰が地縁的な講集団によって、60日ごとに巡ってくる集会が盛んに行われていたことを察知することができた。

境内に遺った中の1基に、文字塔の「庚申塔」がある。台石の上に据えられた細長い自然石（高さ74cm、最大幅22cm）に陰刻されたもので、「寛政二 庚戌年（1790）三月吉辰」の銘が刻まれている。

⑧ 日枝神社近くの
庚申塔
佐野市富岡町

JR佐野駅の南東およそ1kmの地に観音山公園がある。この公園の南端近くに下野三十三観音第27番札所の日向寺の「引地観音堂」があり、観音堂に接したすぐ北側に日枝神社がある。神社近くの東方道角に、ほとんど損傷のない立派な庚申塔が造立されている。

総高1.18mの板碑形の光背の上部に瑞雲のある日天・月天を半浮彫し、中央部の主尊青面金剛像は六臂で、中央手を合掌し、左手の輪宝・弓、右手に剣・矢を持ち、像の下部左右に二鶏を半浮彫し、牙をむき出した顔は忿怒相で、頭上に天冠を付けている。邪鬼を踏みつけ、最下部

邪鬼を踏み、三猿を浮彫した庚申塔

に三猿を見事に浮彫している。光背の左右に「正徳四甲午十一月吉日」、「奉供養 富□（岡カ）惣講中」と刻んでいる。正徳4年（1714）に富岡惣講中によって造立されたものである。

⑨ 徳蔵寺の
千庚申塔
足利市猿田町

JR足利駅前方面から県道67号（桐生岩舟線）を東へ進み、「山川町」信号で右折して1kmほど南下し、袋川に架かる袋川橋を渡るとすぐ信号

基礎部に三猿と、その左右に雌雄の鶏を浮彫
している

がある。ここを右折して0.4kmほ
ど西進すると徳蔵寺がある。

　徳蔵寺（天台宗）の開創年は不詳
だが、寺伝では平安時代末ころ龍海
阿闍梨が民衆教化のため草庵を結
んだといい、宝暦年間（1751〜64）、
尊雄師を中興の祖としている。

徳蔵寺の千庚申塔

　境内には「千庚申塔」（県指定）・
「かな地蔵尊」（県指定）や「一猿庚申
塔」などがある。「かな地蔵尊」は中
世の供養碑の中で特異な貴重なもの
であるが、陰刻されている地蔵菩薩
の種子「イ」や銘文などが酷く風化
摩耗し、全く面白くないものである
ので、本書には登載しないことにし
た。

　以前には風雨に曝されてあったが、
今は堂内に安置されている「千庚申
塔」は、花崗岩製の三層からなる傑
出した庚申塔である。

　基礎の上に「見ザル・聞かザル・
言わザル」の三猿と、その左右に雄
鶏・雌鶏を浮彫し、銘文を刻んだ台
座を置き、その上の本体に「千庚申」
と大きく陰刻し、さらに柱状の四面
に「庚申」の文字を千字刻み、上層
部は反りをもった笠状の雲台、その
上に、庚申待本尊の青面金剛像と、
それに仕える二童子、日天・月天・

邪鬼（一鬼）を配している多彩な庚
申塔である。

総高2.62mという大きなもので、
基礎に「建立者 長 真勝 寛政十二

聞かザルの一猿庚申塔

御弊を担ぐ一猿庚申塔

安政五年銘の一猿庚申塔

三猿を踏む青面金剛像

年 庚 申 十二月 浅草寺別当渕海
建之」の銘が陰刻されている（寛政
12＝1800年）。悪 霊 邪鬼の難を防ぐ
庚申待信仰を示す資料として、第一
級の石造物である。

この「千庚申塔」のあるお堂の左
側（南側）に、かつて寺域整地以前
の境内に散在していた「一猿庚申塔」
（一猿塔）が集められて一列に7基配
されている。

二猿が向き合っている「二猿庚申
塔」は、いわゆる「日光型庚申塔」
といわれるように、日光・今市地方
に多いが、『とちぎの野仏』（成島行
雄著、昭和52年刊）によると、「一
猿庚申塔」は足利地方の特色である
ようである。

徳蔵寺の7基の「一猿庚申塔」は、
いずれも総高50cm内外で、塔の上
半分に一猿を浮彫し、下半分に供養
者・造立年月日を刻んでいる。これ
らの中の逸品は御幣を担いで踊る一
猿である。また、三猿の中の「聞か
ザル」一猿もなかなかの優品である。
一猿庚申塔のほかに1基だけ青面金
剛像の下部に三猿を浮彫した庚申塔
がある。

上記の一猿庚申塔は、いずれも
幕末の安政5年（1858）から文久2年
（1862）の間のわずか5年の間に造立

されたもので、この短期間にこの地
方の庚申信仰が盛んに行われた証と
いえるだろう。

⑩ 長 徳 院 の
庚申塔
足利市松田 町 宮前

別項（186ページ）で触れた長徳院
には、わずかな石段を上った参道の
右側に石仏群がある。この石仏群の
右端に、彫造の優れた庚申塔があ
る。

総高72cmの舟形光背の上方に、
日天・月天を半浮彫にし、主尊の青
面金剛像は合掌手のほかは、それぞ
れ弓矢などを持ち、顔は牙をむき出
した忿怒相で、下方に三猿を陽刻
し、「延宝八年□□」の銘があるの
で、1680年の造立である。県内で

長徳院の
庚申塔 ●

長徳院の青面金剛像

は比較的古い庚申塔の1つかも知れ
ない。

民間信仰の「日待・月待供養塔」

コラム②

① ●

コラム① →●

③

②

④

「日待」は、前夜から潔斎して翌朝の日の出を拝むことからきているが、定められた日に近隣の人々が集まって夜を徹して名号（仏や菩薩の名、特に阿弥陀仏の名や南無阿弥陀仏の六字の名）を称えるなど、精進して日の出を待つ行事となった。待つ間の退屈しのぎに、皆で飲食を共にし、次第に遊興化した。

「月待」は、特定の月齢の夜に地縁的に結んだ講集団が飲食をし、月を拝んで夜を明かすことであるが、『下野の野仏』（県教委。昭和48年刊）によると、本県の場合、十九日の夜の月待をする「十九夜」、二十三日の夜の月待をする「二十三夜」に行われるのが圧倒的に多いため、この両日に講中の造立した碑塔が圧倒的に多いという。その数値は今では古いものになったが、「十九夜塔」が1,599基、「二十三夜塔」が602基を数え、「二十六夜塔」11基、「十六夜塔」9基を大きく上回っている。以下、いくつかの塔碑を取り上げてみたい。

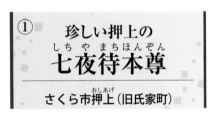

① 珍しい押上の
七夜待本尊
（しちやまちほんぞん）

さくら市押上（旧氏家町）
（おしあげ）

氏家市街方面から大宮（塩谷町）方面に向かって、県道62号（今市氏

押上の
七夜待本尊

家線）を北西進・西進し押上集落を過ぎると、県道の右側に水神社がある。県道沿いの神社鳥居の左側に珍しい「七夜待本尊」（市指定）がある。

密教で、毎月十七日夜から二十三日夜の七日間、月待を行うことを「七夜待」といい、この七夜に千手観音・聖観音・馬頭観音・十一面観音・准胝観音・如意輪観音の六観音と勢至菩薩を順次に毎夜の本尊として祭って、所願成就を祈った。不空羂索観音を除いて勢至菩薩を入れるのは、勢至菩薩が月天の本地とされることによるという。

この押上の「七夜待本尊」（高さ80cm、幅50cm）は、舟形光背に七

尊の尊名が一尊ごとに彫られ、左上から時計回りに如意輪観音・馬頭観音・千手観音・十一面観音・聖観音・准胝観音の各像で、最後に勢至菩薩像が彫られている。

これらの七尊は一般に「七観音」といわれているが、最後の像は「勢至菩薩」であるので、本来「七観音」には含まれないはずである。「勢至菩薩」は智慧を象徴する菩薩で、阿弥陀三尊の一つである。この菩薩は阿弥陀仏の右の脇侍(「わきじ」とも)で、頭上の冠に宝瓶(水瓶)をのせる形を特徴とする。

しかし、「二十三夜待」の二十三日の夜に月を拝む講行事(二十三夜講。女人講)には、勢至菩薩が含まれているので、押上では「七夜待本尊」として、「享保十七 壬子天(1732)九月二十五日」に造立された銘が刻まれている。

『東の山道』(長嶋元重著。昭和62年刊)によると、「七夜待本尊」が一石に彫られ、本尊名が陰刻されている例は極めて稀で、本県や関東各地にも類例の報告がないので、石仏研究や民間信仰資料として大変に貴重であるという。

押上の七夜待本尊

② 東高橋の
二十三夜塔
芳賀町 東高橋字 栄町

芳賀町西水沼方面から益子町七井方面に向かって国道123号を東進し、五行川に架かる五行橋を渡る

東高橋の
二十三夜塔

と、すぐ左側の橋の袂に、青木繁と福田たねの「ロマンの碑」がある。この碑の脇に「二十三夜塔」がある。

　この塔碑は総高約90cm、最大幅50cmの大きさで、「寛政三 辛亥歳（1791）十一月吉祥日　東高橋村坊新田講中」と陰刻されているので、栄町に南接した字「坊新田」の講中によって造立されたものである。道標銘を兼ねたもので、「東　ないかさま　北　のぶぢぞう　南　まおか　くげた　西　うつのみや」と刻まれている。「なないかさま」は七井・笠間、「のぶぢぞう」は延生地蔵、「まおか　くげた」は真岡・久下田、「うつのみや」は宇都宮（二荒山神社か）のことである。

　延生地蔵（城興寺＝天台宗。芳賀町下延生）は、「栄町」の北北東1.4kmの地にある、安産・子育て・子授り地蔵として信仰を集め、紐解地蔵・延命地蔵とも呼ばれている。笠間は笠間稲荷神社（茨城県笠間市）のことで、ことさら「七井」を併記したのは、七井から仏ノ山峠方面に向かわせ、笠間に辿り着くよう考えたのであろう。笠間稲荷神社は、日本三大稲荷の1つに数えられている古社である。

東高橋の二十三夜塔

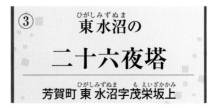

③ 東水沼の
二十六夜塔
芳賀町 東水沼字茂栄坂上

　県道69号（宇都宮茂木線）と県道156号（石末真岡線）が交差する「下

東水沼の
二十六夜塔

高根沢南」信号から156号を1.8kmほど南下すると、右側に「芳賀農業

東水沼の二十六夜塔（1970年頃）

東水沼の二十六夜塔（2020年）

組合東水沼新農業倉庫」がある。ここを右折して西進し、野元川に架かる橋を渡って北西進すると、左側に東水沼公民館（東水沼高齢者若者センター）がある。農業倉庫からここまで1.4kmの距離である。この公民館に接したすぐ北側に「二十六夜塔」がある。

　この塔は表面上部に日輪・月輪が爪彫され、中央部に「二十六夜塔」と太文字で刻み、その上に梵字を刻んでいる。またこの文字塔の左右に「右 どふぢゃう宿　うつのみや」、「左 こてやま　うつのみや」と刻んでいるので、道標を兼ねた二十六夜塔である。「どふぢゃう宿」は道場宿（現・宇都宮市道場宿）、「こてやま」は鎧山（現・宇都宮市鎧山町）のことである。

　さらに文字塔の裏面には、「文化元甲子年十一月良辰」（良辰は「吉日」のこと）、「東水沼邑講中廿八人」の銘が刻まれているので、邑（村）講中28人によって文化元年（1804）に造立されたものである。

　なお、この「二十六夜塔」は半世紀ほど前（昭和45〈1970〉年頃）は左図のように、台石の上に総高90cmの大きさで、「二十六夜塔」がはっきり見えたが、現在は左図のように

地表上の塔高65cmで、塔の下部が25cmほど埋もれていて、「塔」字以下が見えない。しかし、県内では各地の至る所に「十九夜塔」、「二十三夜塔」が造立されているが、この「二十六夜塔」の数は極めて少ないので貴重である。

　「二十六夜」の月待は、「六夜待」とか「六夜さん」といわれ、この行事を行う月は、一月、二月、七月、八月、九月、十一月で、八月（旧七月を含む）に行う所が多いようである。月の出を待ち、精進供養をし、月が昇ればこれを拝し、共同飲食などをする行事が「二十六夜待」で、東水沼の邑（村）講中のように「二十六夜塔」が造立されたが、「二十三夜待」のように広い範囲に深く浸透しなかったので、造塔数が極端に少ないのであろう。

光明寺の
●十九夜塔群

夜」、「十九夜念佛供養」など「十九夜塔群」がある。

　「十九夜」と刻まれた上部に如意輪観音像が浮彫され、塔の側面に「野渡村新田中」と刻まれ、「十九夜念佛供養」塔にも上部に如意輪観音像を浮彫し、側面に「野州都賀郡野

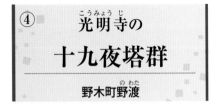

④ 光明寺の
十九夜塔群
野木町野渡

　野木町の「光明寺」（浄土宗）については別項（186ページ）で触れたが、寺境内墓地入口の「石燈籠様石幢六地蔵」のすぐ近く（西側）に、「十九

光明寺の十九夜塔

光明寺の十九夜念仏供養塔

渡村新田坪」と刻んでいる。いずれ
も造立年は不詳であるが、ともに塔
の基礎に「女人講」と刻んでおり、
これは十九夜の月待講といわれる

女人たちの念仏講でもあったので、
「十九夜念佛供養」碑が見られる。
　ともあれ女人講は女人たちの集ま
りであるので、如意輪観音の徳を称
え、勤行（読経・祈願など）が済む
と、共同飲食し、安産・育児や女人
ならではの下の話などを雑談しなが
ら、月の出を待ち、月影に合掌され
たに違いない。
　なお、十九夜塔群の中に、笠付角
柱型の「南無阿弥陀佛」の六文字の
名号を刻んだ塔碑が含まれている。
「延寶三 乙 卯天（1675）九月十六日」
の銘のあるもので、浄土宗などでは
これを唱えることによって、阿弥陀
仏の浄土に救済されるとされたので、
女人たちは十九夜塔と併せて阿弥陀
佛の名号碑を造立したのであろう。

213

福徳の神「大黒天」

　本来、「大黒天」は三宝（仏と、仏の教えである法と、その教えを広める僧＝仏・法・僧）を守護し、戦闘をつかさどる神であるが、江戸時代以降、福徳をもたらす七体の神（七福神＝恵比寿・大黒天・毘沙門天・弁財天・布袋・福禄寿・寿老人）の一神として、神話の大国主神の大国と大黒の名前や袋を負う姿の相似によって造られた像形である。

　一般に「大黒さま」といえば、福相（福福しい人相）に大黒頭巾（横にふくれ出た形の丸頭巾）、左肩に大きな袋を背負い、右手に小槌をもって米俵の上に坐る「福徳の神」として民間の信仰を集めた。

　また、大国主神を助けたネズミの故事は、干支第一番甲子の日を祭日に当て、特に「子の月（11月）」の甲子の日を重んじ、この日を盛大に祝い、子待講、甲子講も結成されたので、各地に遺る大黒天造立の多くは江戸時代中期以降のもので、幕末期には甲子講が盛んであったので、講員の浄財によって造られたものが多く、明治時代以降では大正13甲子年（1924）に造立されたものが多く見受けられる。

　あえて「大黒天」を取り上げたのは、与作稲荷神社境内（さくら市上阿久津）にある線刻大黒天（自然石線刻画像）を紹介したかったからである。

与作稲荷神社境内の
線刻大黒天
さくら市上阿久津（旧氏家町）

　別項（90ページ）で触れたが、与作稲荷神社は県道125号の「上阿久津」信号の東方近くにある。この神社の境内に大変珍しい鬼怒川の河原石（自然石）に爪彫した「線刻大黒天」（自然石線刻画像）がある。

　線刻大黒天は、境内の南東端近くにあって、大きな河原石の上に立てた総高65cmのもので、俵の上に大きな袋を背負って立つ見事な画像である。画

与作稲荷神社境内の線刻大黒天

与作稲荷神社境内の線刻大黒天

像の左右に銘が刻まれているが摩耗しているので判読が難しい。『氏家町史（民俗編）』平成元年刊）によると、銘文は「梵字（マ＝大黒天）四百万反供養」「延享 四卯天元旦ヨリ三千反ヅツ日課」と刻まれているという。

この「線刻大黒天」は、延享4年（1747）1月1日より毎日、大黒真言「ナウマク サンマンダボダナン マカキャラヤ ソワカ」を日課として三千遍を唱え続け、四百万遍に達成した記念供養として造立されたもので、裏面には「梵字（マカキャラヤ）祈らはなとか　小田のおね　寛国」とあり、大黒真言を唱えたことを示している。

栃木県内における「大黒天」の造立された大半は、幕末期から大正13年（1924）のものであるので、この「線刻

大黒天」は延享4年の造立であるから、県内では最古のものと思われる。しかも線刻された像であり、加えて「大黒真言日課三千遍、四百万遍供養」と陰刻されているので、民間信仰を知る上から極めて貴重なものといえよう。

今宮神社と狭間田の
大黒天
さくら市 箱 森新田、狭間田（旧氏家町）

氏家市街方面から県道48号（大田原氏家線）を北進し、市の堀用水に架か

●今宮神社の
　大黒天

狭間田の
大黒天

今宮神社の大黒天

狭間田（上組）の大黒天

る橋を渡って、ここから1.1kmほど
進むと、右側に今宮神社（箱森新田）
がある。この48号は往時の原街道で、
主に江戸への廻米輸送路であった。

　今宮神社は、素戔嗚尊を主祭神と
し、箱森新田村の鎮守であった。神社
の由緒沿革などは不詳であるが、今宮
神社（旧氏家町馬場）の分霊を勧請し
たともいわれている。

　神社の鳥居近くに、典型的な丸彫坐
像の「大黒天像」がある。造立年は不
詳だが、像形が鮮明であることと、台
石に「甲子」とあるので、大正13年甲
子（1924）に造立されたことは間違い
ない。和やかな容貌で大黒頭巾を被
り、右手に打出の小槌、左手は肩にか
けた大きな袋をもち、米俵の上に坐し
ている像形は見事の一語に尽きる。

　一方、国道293号沿いの狭間田（上
組）地内にも「大黒天像」がある。現
在の氏家市街方面から喜連川市街へ向
かう国道293号（旧陸羽街道）は、弥
五郎坂の手前で右に分かれて大きく
カーブして行くが、これは明治時代以
降に開かれた新弥五郎坂である。この
弥五郎坂（旧）の手前右手に大黒天像
がある。先に触れた今宮神社（箱森新
田）の大黒天像と同じ年に造立された
ものである。

　やや風化して鮮明な大黒天像ではな
いが、像形は今宮神社のものと同じで
ある。この像を取り上げたのは、風化
して苔が牛しているが、台石に「大正
十三年甲子正月甲子日」と刻み、「甲
子講中連（二十五人）世話人（十人）」が
刻まれているからである。

馬の保護・霊供養の「馬頭観世音」

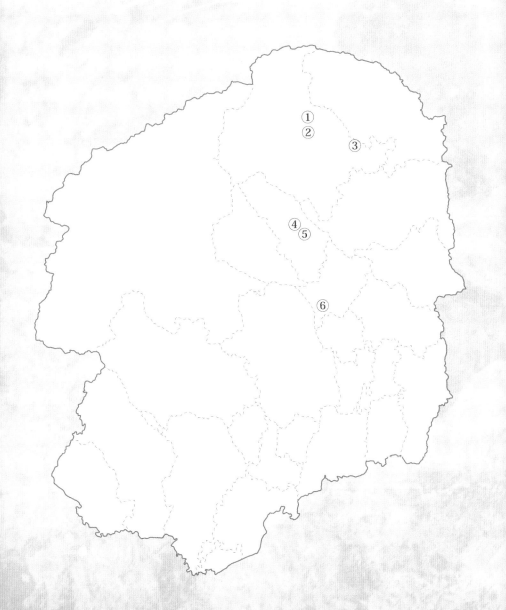

人々を救済するため、観音は七種の姿をとって現れた（七観音）。七観音とは千手観音・馬頭観音・十一面観音・聖観音・如意輪観音・准胝観音・不空羂索観音のことだが、あとの二観音は、一般信仰としては広まらなかったので、石仏としてはほとんど造られていない。

　ここで触れる「馬頭観音」は、他の観音が慈悲相であるなかで、唯一忿怒相をしている。これは慈悲で教化が難しい衆生のためには、仏が怒りの姿をもって救い上げようとするもので、頭上に戴く馬は四方を駆けめぐって一気に猛進し、生死の大海をわたって四魔（煩悩・死魔など）を打ち破る大威力、精悍さを表し、無明のさまざまな障害を食い尽くすことを意味している。

　しかし、馬頭観音は江戸時代中期以降になると、いつしか馬を使用する人たちによって、馬の供養や無病息災の祈願をこめて供養塔が造立されるようになり、その数は庚申塔とともに盛んとなり、『下野の野仏』（昭和48年刊）によると、県下の碑塔類別造立数は馬頭観音2,132基で圧倒的に多く、第2位十九夜塔（1,599基）、第3位地蔵尊（1,420基）、第4位庚申塔（1,334基）などを大きく引き離している。また、牛馬に関わる職業の人たちの「講」集団（馬講中）によって、造立されていることにも注目されよう。なお、馬頭観音（馬頭観世音）の碑塔には、馬力神・勝善神・生駒大神などがある。

① 穴沢の 馬頭観世音群

那須塩原市百村字穴沢（旧黒磯市）

　黒磯市街方面から県道369号（黒磯田島線。通称、板室街道）を北西進して、「戸田」交差点（北東から南東に走る県道30号）を過ぎて、およそ5kmほど北西進すると、右側に

「旧穴沢小学校（廃校）」がある。こ

穴沢の
馬頭観世音群

こから0.2kmほど進むと、右側に
墓地がある。墓地からわずか0.1km
進んだところで左折し、車一台が通

れる山道を0.1km進むと、穴沢の
「馬頭観世音群」の前に着く。

　馬頭観世音群は、30数基が整然

穴沢の馬頭観世音群（一部）

二列に配された穴沢の馬頭観世音群

と二列に配されている。散逸の防止と1基ずつ観賞するには大変よい方法かも知れないが、何となく造立者の気持ちが損なわれたようで、味気ない保存方法である。

　虚しい気持ちを抑えて、ここに数基を紹介しておこう。

　上左側は造立年不詳であるが、深彫の文字塔「馬頭観世音」の上部に三頭の馬首を見事に浮彫した逸品、左下は文字塔「馬頭観世音」の上に龕を抉りながら一頭の馬首を上手に陽刻し、「大正七年（1818）旧三月十一日」の造立年を刻んでいる。上右は観音の頭上に一頭の馬首を浮彫し、下右は合掌した観音の頭上に二頭の馬首を陽刻している。両方とも造立年が陰刻されているが不鮮明である。後述の鴫内の馬頭観世音よりも像高は高く、0.5m内外のものが中心で、造立年は明治時代から昭和初年ころにかけたものである。

② 鴫内の
馬頭観世音群

那須塩原市鴫内（旧黒磯市）

　黒磯板室IC方面から県道53号（大田原高林線）を6kmほど西進すると、「木綿畑」で南北に通る県道30号（矢板那須線）と交差する。この交差点から鴫内方面に向かって「ふるさと林道」を2kmほど西進して左折し、鴫内集落に向かって進んだ農道十字路角の右側に、十数基か

鴫内の馬頭観世音群

らなる「馬頭観世音群」がある。

　最も大きな「馬頭観世音」は、台石の高さ0.25mを含めた総高1.65m

と巨大で、「文化二 乙丑（1805）十月吉祥日」造立の銘が刻まれているが、大半の馬頭観世音は高さ0.35

鵐内の馬頭観世音群（一部）

～0.5mほどの小さなもので、その
ほとんどが大正8〜14年、昭和5〜
13年ころに造立されたものである。

　舟形光背に「馬頭観世音」と陰刻
した文字塔の上部に、二頭の馬首を
戴いたものや、光背に観音の立像を
浮彫し、その頭上に二頭、三頭の馬
首を戴いたものが多く見られ、さら
に造立年が大正時代から大戦開始
（1941）直前までの昭和時代である
ため、摩耗・傷みが少ないので、見
応えのある馬頭観世音群である。

　鳴内は山間の地で、往時は農耕地
も少なく、馬による荷物運搬による
駄賃稼ぎの重要な道筋でもなかった
ので、農家は馬飼育に適した牧草を
活かして馬の飼育に主力を注ぎ、副
業ではあったが「馬は半身上」といっ
て、農家経済の大きな支えであった。
このため時には東北地方にまで足を
運んで、優れた牝馬を手に入れ、良
馬の生産に努めた。

　当地方では、馬は母屋の中で人と
変わらぬ家族の一員として生活をと
もにし、5〜6頭の馬を飼育する農
家は少なくなかった。繁殖馬として
飼育されたものもあったが、多くの
子馬は春と秋に開かれる競市にかけ
られ、見知らぬ馬商の手に渡って
いった。

　この馬頭観世音群を見ると、ほと
んどが造立は個人名であるので、自
分で飼っていた馬の供養と、手元を
離れて馬商に引き取られていった子
馬の生育を祈って造立されたものと
解される。特に造立者の銘に女性が
見られるのは、馬の飼育に女性が積
極的に関わっていた証であろう。

③ 本郷町の
馬頭観世音群
那須塩原市本郷町（旧黒磯市）

　JR黒磯駅前から県道303号（陸
羽街道＝奥州道中）を0.75kmほど
北進し、那珂川に架かる晩翠橋手
前の信号「晩翠橋」を右折して約
0.28km進んで左折、ここからやや
細い道を北へ向かって0.15km進む
と、那珂川に向かって大きく曲がっ

た下り坂の右側角に、「本郷町の馬頭観世音群」（市指定）がある。

　県北の黒磯、那須地方には、馬頭観世音（馬頭観音）が多い。これは当地方が馬の産地であり、馬による駄賃つけが盛んであったからである。

　こんな中で特記されるのが、黒磯の「本郷町の馬頭観世音群」である。

本郷町の馬頭観世音群

16基からなる馬頭観世音群のうちの1基は、大きな自然岩の上に建つおよそ2m近い「馬頭観世音」と大きく陰刻したものである。文政五年（1822）銘のある造立で、側面に「坂普請供養」と刻み、世話人などの名を併記しているので、「坂普請供養」を兼ねたものである。

　碑塔は江戸時代から明治時代にわたるもので、その形態は舟形、板碑形、円頭角柱形、自然石などを網羅し、舟形と板碑形のものは、光背に観音の立像を浮彫し、頭上にはそれぞれ三頭の馬首を戴き、馬頭観世音の文字塔には、二頭の馬首を戴いたものと、馬首の代わりに「馬」字を

頭上に三頭の馬首を戴く

頭上に二頭の馬首を戴く

4文字、横一列に配した珍しいもの
もある。

「馬頭観世音」碑群のすぐ近くに、
那珂川が南東流しているので川岸に
下りてみた。原街道の渡河地点がこ
の辺りであったからである。そして
左手前方近くには5代目という昭和
7年 (1932) 7月完成の、那須連山を
背にした美しい「晩翠橋」が望める。

蛇足だが、原街道とは江戸時代に
おける奥州道中の脇街道の一つで、
奥州道中の白河から黒川・夕狩・逆
室・小島・高久 (以上、那須町)・東
小屋 (旧黒磯市)・槻沢 (旧西那須
野町)・平沢 (大田原市)・鷲宿 (旧喜
連川町)・氏家 (旧氏家町) を経て、
鬼怒川の阿久津河岸 (旧氏家町) や
板戸河岸 (宇都宮市) に通じていた。
正保2年 (1645)、会津藩主保科正
之が江戸へ廻米輸送のために開いた
街道で、原方街道とか米街道などと
も呼ばれていた。

原街道はこの「馬頭観世音群」脇
の急坂を下って那珂川を渡河するた
め、河床を下りて土橋を渡り、また
上るというものであったから、洪水
の度に流出した。このため急坂の普
請がなされたので、大きな「馬頭観
世音」の側面に「坂普請供養」と陰
刻していることがわかる。

④ 並塚の 馬頭尊碑群

矢板市平野字並塚

矢板市街方面から県道30号 (矢板
那須線) を北上し、「泉」信号のとこ
ろを左折して県道56号 (塩原矢板
線) を北西進し、東北自動車道の高
架下を通り抜けて少し進むと、県道
右側沿いに「馬頭尊碑群」の案内板
が目につく。

「馬頭尊碑群」は整然と60余基が
並び、その中の1基に文字塔の牛頭
尊があった。一般に荷を運ぶ家畜
すべてを含めて馬頭尊として供養
しているのだろうが、格別に「牛頭
尊」としているのは珍しい。これに
「昭和五十一年 (1976) 十月五日 関
谷喜義建之」の銘が刻まれているの
で、造立されて未だ半世紀も経って

いない。そこでほかの馬頭尊（馬頭観音）碑の造立年をみると、大半が明治時代から大正・昭和時代の文字塔であったが、1基だけ舟形光背に一面二臂の忿怒の相をした浮彫の立像があった。両手で印契を結び、頭上に馬首を戴いたもので、文化三年（1806）三月造立の銘が刻まれてい

並塚の馬頭尊碑群

忿怒相浮彫の馬頭尊

る。

この街道（塩原矢板線）は、江戸時代中ごろから高原山（鶏頂山1765m、釈迦ヶ岳1795mなどの総称）を越えて塩原、そして会津に至る重要な道筋であった。

会津方面からの荷物の輸送、高原山からの林産物などの搬出に、街道筋の村人が深く関わったので、これに使役されたのが牛馬匹であった。こうしたことから馬匹の無病息災を祈り、あるいは命を絶った馬匹類の霊を供養する塔が、この「馬頭尊碑群」を筆頭にして、単独碑が街道筋に散在している。次の平野新田の馬頭観音もその一つである。

⑤ 平野新田の
馬頭観音
矢板市平野字平野新田

「並塚馬頭尊碑群」から県道56号（塩原矢板線）を2.6kmほど北西進した右側に、大きく「十割そば」（手打本物一休）の看板がある。その脇に数基「馬頭観音」が並んでいる。余計なことだが、そば屋「一休」は県外からも客が訪れるという人気店のようだ。

平野新田の
馬頭観音

馬頭観音と他の石仏群

安永4年造立の馬頭観音

数基並んだ「馬頭観音」の1基は、舟形光背に浮彫した馬頭観音の立像で、「安永四乙未天」と陰刻した銘があるので、1775年の造立である。ここからさらに進んだ八方ヶ原手前の道路脇にも、沢山の馬頭観音が建っていることを付記しておこう。

⑥道標銘のある琴平神社の
馬頭観世音

さくら市氏家（上町）

JR氏家駅前から県道107号（氏家停車場線）を0.18kmほど東へ進ん

道標銘のある
琴平神社の
馬頭観世音

で左折し、道なりに0.15kmほど北進すると（通称「金比羅横町通り」）、左側に小さな琴平神社が建っている。

　神社のすぐ東側に角柱文字塔の「馬頭観世音」がある。総高1mの文字塔で、台石（高さ30cm・幅60cm）の上に載っている。文政3年（1820）12月に造立されたもので、「東　奥州路　南　江戸路　西　羽黒路」と道標銘を刻み、「氏家宿馬講中　馬場村馬講中　櫻野村馬講中　上新田馬講中　氏家新田馬講中」と「馬講中」によって造立された貴重な石塔である。

　「道標」には、単に道案内のため

琴平神社の馬頭観世音

に造立したものと、石仏・石塔類の造立時に刻み込んだ道標銘の二種があるが、この琴平神社のものは後者の例で、文字塔「馬頭観世音」造立時に道標銘を刻んだ特異な石塔である。この道標銘の特異さは、氏家宿・馬場村・櫻野村・上新田・氏家新田（以上、現・さくら市氏家地区）の「馬講中」の方々が、一統して造立していることである。

　もともと馬頭観音（馬頭観世音）は、牛馬、特に馬を使用する人たちによって、馬供養の目的で造立した墓標的色彩が強いが、馬に頼って運輸を業とする人たちにとって、「馬」と「道」は切り離せないものであるから、奥州街道・原街道・会津中街道などが扇の要のように集まる交通の要所「氏家宿」を中心とした、付近の村々の「馬講中」の方々が一つになって、文字塔「馬頭観世音」を造立したことは特記されよう。

X

諸家の「墓所・墓碑」

コラム「高尾太夫」

② ①

③

④

⑦

⑥ ⑤

⑪

⑧ ⑨

⑩

⑬

⑫

⑰

⑮ ⑭

⑲

⑳ ⑱

⑯

①
大関家代々墓地

大田原市黒羽田町（旧黒羽町）

　黒羽市街南端の那珂川に架かる那珂橋を渡って国道461号を0.6kmほど北進すると、大雄寺（曹洞宗）入口の標示があるので、ここを左折して坂道を上ると、間もなく左側に大雄寺の参道、右側に駐車場がある。

　参道はいかにも禅寺にふさわしく奥行きがあり、両側に老杉が繁っている。緩やかな石段を上れば山門がある。ここをくぐってさらに進めば総門の前に着く。大雄寺は永平寺派で黒羽山久遠院と号し、寺伝によれば、応永11年（1404）、臨済宗天目山中峰派の却外久和尚が、余瀬（旧黒羽町）地内に大雄禅寺を創建したという。

　大雄禅寺は、応永33年（1426）、福原城主那須資之と弟の沢村城主那須資重が不和になって戦ったとき、その兵火で全焼したが、その後の文安5年（1448）、白旗城主大関忠増によって再建され、以後、大関氏の菩提寺となった。

　天正4年（1576）、大関高増が黒羽城を築いて、白旗城から本拠をここへ移すと、これにともない大雄禅寺も黒羽城南端の現在地へ移し、臨済宗から曹洞宗に改め、天英祥禎大和尚を迎えて、現在の黒羽山久遠院大雄寺と号し、城下町の形成に努め、近世黒羽藩の基礎を築いた。こうして室町時代から江戸時代を通して大雄寺は、大関氏の菩提寺として保護された。

　大雄寺境内の墓地奥に、「大関家代々墓地」（市指定）がある。大関増次（？～1542）を第一順位として大関家の優位を示し、初代藩主大関資増

大関家代々墓地

230

から16代増勤までと、明治時代以後の子孫、さらには江戸時代以前の当主など、20人以上の石碑が順不同ではあるが整然と並んでいる。石碑は芦野石を用い、大小の五輪塔・宝篋印塔、位牌型墓碑などがあり、大きな五輪塔は高さ4mにも及んでいる。小藩の外様大名とはいえ、規模の大きな墓地で、いつまで見ていても飽きない墓碑群である。

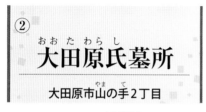

② 大田原氏墓所

大田原市山の手2丁目

大田原市街の「金燈籠」から、国道461号を黒羽方面に向かって進んだ最初の信号「城山駐車場」を左折して進み、さらに右折して進むと光真寺(曹洞宗)に至る。この辺り一帯は城下の名残で旧道が屈曲しているので、付近の店で「光真寺」への道順を訊ねることをお勧めしたい。

光真寺は寺伝によると、天文14年(1545)の創建で、開基は13代大田原城主資清、開山は本寺長興寺(矢板市館ノ川)三世麟道(資清の兄)だという。

資清は光真寺の裏山に墓所を定め、以来28代勝清まで代々葬ったが、昭和に入って墓碑の風化損壊がひどいので、昭和15年(1940)、現在地に移し、同40年(1965)に「大田原氏墓所」(市指定)とした。平成10年(1998)に改修工事を行い、墓碑はすべて芦野石(那須町芦野産)を用いた宝篋印塔だが、13代資清・14代綱清は中田原墓所(上坊)に葬られているので、合葬供養碑とし、12代胤清は中田原墓所に葬られている。

光真寺の墓所には、15代晴清以後、政清・高清・典清・純清・清

大田原氏墓所

231

信・扶清・友清・庸清・光清・愛清・廣清・富清・勝清までの墓碑14基が、整然と並んでいる。

③ 那須氏墓碑

大田原市福原

那珂川町小川方面から箒川に沿った県道285号（福原小川線）を北西進、または国道400号の「蛭田」交差点から分岐する県道167号（蛭田喜連川線）を南西進して、箒川に架かる福原橋を渡って0.3kmほど進んで右折し、およそ0.5kmほど西進すれば、左側（南側）に玄性寺（曹洞宗）がある。

玄性寺の創建時期・開基については、諸説あって定かでないが、『那須郡誌』（蓮実長著）によれば、

天正18年（1590）、那須資景（？～1656）の創建で、以来那須氏の菩提寺になったという。

玄性寺境内の西側高台に、「那須氏墓碑」（市指定）がある。墓碑は当初からこの地にあったのではなく、弘化2年（1845）、御霊神社（現那珂川町恩田）にあった那須氏の墓碑を移したもので、墓域は間口8m、奥行き4mの石囲いの中に、那須氏歴代の合祀碑と7基の墓碑がある。

墓碑7基とは、右から順に資重碑、那須氏歴代の合祀碑、資景碑、資景の妻碑、伝与一宗隆碑、伝与一宗隆の父（資隆）碑、資興の嫡子碑である。合葬墓は笠付角柱の墓碑で、ほかは宝篋印塔・五輪塔である。

なお、与一宗隆（高）については多くが伝説化し、実像は全く不詳だが、『平家物語』の一節、屋島の戦いの折、「海上に浮かぶ平氏の舟より女房が差しかけた扇を、源義経の

那須氏墓碑

命により馬上から一矢で射落とし、源平両軍の喝采（かっさい）を浴びた」ということを頭に浮かべながら、那須氏墓碑を訪ねてみてはどうだろうか。

④ 武茂氏墓碑（むもしぼひ）

那珂川町馬頭（旧馬頭町）（ばとう）

馬頭の市街地を東西に通る県道52号（矢板那珂川線）北側一帯には、馬頭院、武茂城跡（県史跡）、静神社（しず）、乾徳寺（けんとくじ）、別雷神社（わけいかずち）、加えて馬頭広重美術館（ひろしげ）・馬頭郷土資料館などがあり、じっくり散策すると丸一日を要する、歴史好きには堪らない素敵なところである。

この中の一つ乾徳寺に足を運ぶと、境内墓地の奥に「武茂氏墓碑（むもし）」（町指定）がある。馬頭広重美術館

のすぐ東側の道を0.3kmほど北へ向かって進めば、乾徳寺専用の駐車場がある。

武茂城跡の麓にある乾徳寺（曹洞宗）は、寺伝によれば明応8年（めいおう）（1499）、宇都宮公綱（9代宇都宮城主）（きんつな）の末孫武茂守綱（もりつな）が一族の守護寺として建立したというが、永正3年（えいしょう）（1506）、宇都宮正綱（16代宇都宮城主）（まさつな）の三男武茂兼綱（武茂城主）（かねつな）が一族の菩提所として建立したという説が妥当のようである。

武茂氏墓碑は、宝篋印塔と五輪塔10基からなっている。しかし、武茂氏の墓碑に限ったことではないが、これまでに幾度か倒壊し、その都度、宝篋印塔と五輪塔の各部を寄せ集めて重ねたものが整然と並んでいる。例えば宝篋印塔の基礎の上に五輪塔の火輪を載せたものや、宝篋印塔の塔身（とうしん）が欠いているので、基礎の上に直接笠・相輪を載せたものなどがある。

武茂氏墓碑

これらの雑な復元はさておいて、宝篋印塔の基礎は反花座の下を2つに分けた枠内に格狭間を彫り出し、さらに反花座の上にも2つに分けた枠が見られるので、関東型の宝篋印塔であることは確かであり、笠部の隅飾突起の反り状態から南北朝時代から室町時代ころに造塔されたものと思われる。

⑤ 那須家六代の墓

那須烏山市南1丁目（旧烏山町）

JR烏山駅から国道294号に出て左折し、0.15kmほど南下して右折、0.2kmほど西進すると、愛宕山麓に天性寺がある。

寺伝によれば正治元年（1199）、那須光資が現在地の北方約2kmの地

福泉坊に創建し、那須与一宗隆（高）の院号曹源院を院号にしたと伝える。初代烏山城主那須資重は寺号を天照寺と改めたが、城主那須高資は天文20年（1551）、那須一族の千本資俊によって謀殺されたので、高資の法号天性慈舜に因んで、弘治元年（1555）に天性寺に改めたという。

当寺は、中世に那須氏の菩提所であったが、近世には歴代烏山藩主の位牌所・菩提所となり、松下氏は50石、堀氏は20石の寺領を寄進している。延宝3年（1675）に板倉重種の城郭拡張策によって現在の地に移転した。

寺域の墓地の奥に「那須家六代の墓」（市指定）がある。6代の墓（墓碑）とは、烏山城主（下那須氏）2代資持、3代資実、4代資房、5代政資、6代高資、7代資胤のことである。墓碑はいずれも関東型の宝篋印塔で、反花座の下を二区に分けた枠

那須家六代の墓

内に、格狭間を彫り出し、また反花座の上にも二区に分けた枠がみられる。しかし、相輪の部分の大半が欠損し、中には笠部の上に宝珠と請花を載せたものがあって、全体的に原形を保っているものは少ないように思われる。

墓域には6墓碑のほか、天性寺の住持円応和尚と烏山藩家老菅谷八郎右衛門（1784～1852）の墓碑がある。円応と菅谷の両人は、二宮尊徳の指導を受け、報徳仕法を烏山藩政に取り入れたことで知られる。

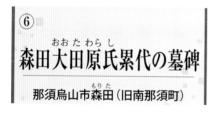

⑥森田大田原氏累代の墓碑

那須烏山市森田（旧南那須町）

高根沢町方面から県道10号（宇都宮那須烏山線）を東進し、荒川に架

森田大田原氏累代の墓碑

かる高瀬大橋を渡って少し進んだ次の信号を右折し、曲折した道を道なりに約3kmほど南南東進すると、右側に芳朝寺（曹洞宗）がある。

この寺は山城森田城跡の北麓にあるので、この寺域内に車を置かせていただき、ここから山城に向かって少し進むと、左側に「大田原氏累代の墓碑」（市指定）ある。ところが大田原市山の手2丁目の光真寺（曹洞宗）境内に、「大田原氏墓所」（市史跡）があるので、とかく混同しやすいので、ここでは「森田大田原氏累代の墓碑」とした。

ところで、天正18年（1590）、豊臣秀吉によって烏山城主那須資晴が改易されたので、これにともない森田城は廃城となった。その後の慶長5年（1600）、大田原城主綱清の次子増清が、本家大田原氏領内の小塙（那須烏山市小塙）に旗本大田原氏の陣屋小塙館（森田陣屋）を築き、

森田大田原氏累代の墓碑

235

以後、ここを累代の居館とした。

このため元暦年間（1184〜85）ころ、森田氏の菩提所として森田字石原（寺中あたり）の地に建立された芳朝寺は、大田原氏の菩提所となり、元禄16年（1703）、4代大田原清勝のとき、芳朝寺8世知門和尚と謀って現在地に移り、境内の一画を「大田原氏累代の墓碑」とした。ここに那須光隆の霊碑と初代増清以下政継、政増、清勝、清在、清位、清貞、清昭、清直などの墓碑がある。

⑦
喜連川足利家歴代墓所
さくら市喜連川（旧喜連川町）

氏家市街方面から国道293号（旧陸羽街道）を東進し、喜連川市街に入る三叉路「早乙女」信号を左折し

て、ここから県道114号（旧陸羽街道）を進み、荒川に架かる連城橋を渡って、次のバス停「喜連川本町」信号のところを右折して、わずか0.1kmを進んだ左側に龍光寺（臨済宗）がある。

寺伝によると、開基は足利尊氏で、初めは東勝寺と号し、開山に夢窓疎石を勧請したという。慶長6年（1601）、足利（喜連川）頼純が没すると東勝寺に葬られ、このとき戒名に因んで寺号を龍光院と改称した。

当寺は喜連川藩主喜連川氏の菩提所であったが、やがて喜連川藩士をはじめ農工商人の帰依を受け、200余檀家の檀那寺となり、昭和28年（1953）に龍光寺と改称した。

山門を潜ると、正面が本堂、右手に庫裡、左手の境内北西部に「喜連川足利家歴代墓所」（市指定）がある。墓所の四周を土塁で方形に囲み、墓域内に50余基の墓碑が並んでいる。

喜連川足利家歴代墓所

なお、喜連川氏は古河公方の後裔として高い家格を誇り、幕藩体制下に特殊な地位を与えられ、5000石でありながら大名の格式を与えられていた。江戸城中の席次は、将軍の代によって異なるが、将軍秀忠・家継の代には御三家（尾張・紀伊・水戸の徳川家）に次ぎ、綱吉の代は国主大名（国持大名）に準じ、吉宗の代には外様の小藩扱いとなり、喜連川縄氏のときは、水戸徳川斉昭の十一男で将軍慶喜と兄弟のため格式10万石を与えられていた。

⑧ 戸田氏の墓所

宇都宮市花房本町

東武宇都宮駅西側の国道119号（東京街道）を南下し、「一条2」交

差点近くの「滝沢病院前」バス停のすぐ先の道を左折して60mほど進むと、英巌寺跡の標示があるので、右折して狭い路地を進めば英巌寺跡である。ここは滝澤病院に接した東側である。

この英巌寺跡に「戸田氏の墓所」（市指定）がある。英巌寺は戸田氏の菩提寺で、寺名は戸田氏の祖先戸田忠次（？〜1597）の法号によるものである。戸田氏は三河国（現・愛知県東部）渥美郡の田原城主へ出て以来、肥後の天草、武蔵の岩槻、下総の佐倉、越後の高田などへ転封になるたびに、英巌寺（臨済宗）を建立した。

宝永8年（1711）、戸田忠真は高田から宇都宮へ転封になると、高田の英巌寺を宇都宮へ移し、明治維新まで代々寺領を給していた。この英巌寺には位牌堂に位牌のみを安置し、回向（供養）するだけであったから墓地はなく、藩主や特定の藩士が亡

戸田氏の墓所

くなったときだけ、この寺で葬儀を執り行い、藩主は戸田氏歴代の墓である江戸牛込（現・東京都新宿区）の松源寺（臨済宗）に埋葬され、藩士はそれぞれの所属する寺院に葬られた。

明治時代になって、松源寺の墓地が中野（現・東京都中野区）に移転することになったので、明治41年（1908）4月、英巌寺跡内に改葬され今に至っている。

江戸時代の英巌寺境内は、およそ1万坪近い広大なもので、正面の門は東向きで多くの堂宇があったが、戊辰戦争で焼失し、以後廃寺となった。現在、墓所のみが周りの建物に囲まれ遺っている。

墓所には、戸田尊次から忠明まで11人の位階・役職を連記した「合葬墓碑」、単独墓に「宇都宮侯忠烈戸田公之墓」と記した戸田忠恕の墓、「従二位勲三等子爵 戸田忠友」と記した最後の藩主忠友の墓がある。

芳賀(清原)氏累代の墓碑

園）に併設した「とびやま歴史体験館」の北東方およそ0.6kmの台地西端に、同慶寺（臨済宗）がある。

飛山城は、鎌倉時代末の永仁年間（1293〜99）、宇都宮氏の重臣芳賀高俊によって築城されたと伝えられ、慶長2年（1597）、主家宇都宮氏の改易によって芳賀（清原）氏も滅び、飛山城は廃城となった。同慶寺は高俊が飛山城を築いたとき、子孫長久のため伽藍を建立して菩提所にしたという。

同慶寺の境内墓地の一角に、「芳

⑨

はが きよはら
芳賀(清原)氏累代の墓碑

たけしたまち
宇都宮市竹下町

とびやま
飛山城跡（国史跡。飛山城史跡公

芳賀(清原)氏累代の墓碑

賀（清原）氏累代の墓碑」（市指定）が
ある。墓碑は宝篋印塔・五輪塔14
基からなっているが、度重なる倒壊
によって、両塔を組み合わせて復
元？したものが多く、原形を保って
いるものは少ない。

細川家の墓所
⑩
ほそかわ け

茂木町塩田
しおた

　能持院（曹洞宗）は、茂木市街か
ら国道123号を2kmほど東進し、
「塩田」交差点で左折して県道27号
（那須黒羽茂木線）を0.8kmほど進
めば、右側（東側）にある。

　能持院の総門（県指定）を潜って
境内に入り、20段ほどの石段を上
ると、正面に本堂、右手に庫裡があ
る。共に実に豪壮な構えである。本

堂に向かって左側手前奥に茂木藩主
「細川家の墓所」（県指定）がある。

　墓域は東西11.8m、南北27mの
長方形状を呈し、一般の墓所とは異
なって、墓石を設けず、代わりに一
本の杉を植えて墓標とし、廟前に没
年月日を陰刻した石燈籠を建ててい
る。杉の年輪によって細川氏累代の
藩主の足跡を後世に刻もうとした意
図があったのか否か、知る術はない。
細川家の威容を無言のまま理解せず
にはいられない。

　細川家累代の茂木藩主とは、初代
の興元以下、興昌、興隆、興栄、興
虎、興晴、興徳、興建、興貫までの
9代で、藩政は幕末までおよそ260
年近く続いた。墓所内には宝篋印塔
1基、石燈籠13基があり、いずれも
紀年銘が刻まれているので、江戸時
代における石造物を研究する上で、
大変貴重な資料といえる。

細川家の墓所

⑪ 千本家墓所

せんぼんけ

茂木町町田
まちだ

千本家墓所

千本氏の祖須藤為隆は九石の地に九石城を築城したが、為隆の死後の建久8年(1197)、為隆の菩提を弔うため、嫡子信隆が九石山法輪院長安寺を創建した。その後の明応元年(1492)、10代資持のとき、九石の地から現在地(町田)へ寺を移し、このとき為隆以下累代の墓を整えたが、資持自身も同7年(1498)、同地に葬られた。

長安寺本堂西側の墓地高台に、「千本家墓所」(町指定)がある。千本氏は天正13年(1585)、千本資俊・資政父子が宗家烏山城の那須資晴らに、太平寺(現・那須烏山市滝)で暗殺されて一時断絶したが、

茂木城主の次男茂木義政が千本義隆を名乗って千本城主となった。ここに茂木系千本氏が始まる。義隆以後、一隆まで続き、14代朋隆のとき明治維新を迎え、その後、茂木氏との血縁は絶えた。朋隆は明治14年(1881)死去し、長安寺の墓所に埋葬された。このため、長安寺は旗本千本家の菩提寺として、累代の墓碑22基が遺っている。五輪塔・宝篋印塔や笠付型墓塔などは、一見に値するものである。

千本家墓所

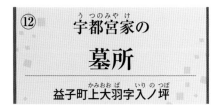

⑫ 宇都宮家の墓所

うつのみやけ

益子町上大羽字入ノ坪
かみおおば　いりのつぼ

益子町七井方面から県道1号(宇都宮笠間線)を笠間方面に向かって8kmほど進み、「下大羽」公民館のところで右折し南進すると、地蔵院

の案内標示がある。これに従って東進すれば地蔵院前に至る。この近くに「宇都宮家の墓所」（県史跡）がある。

宇都宮3代城主朝綱は、建久5年（1194）、公田100余町を横領しているとして、下野国司藤原行房から朝廷に訴えられ、その罪科によって土佐国に配流された。ほどなく赦免されて帰国すると、家督を頼綱に譲って上大羽に一宇を営み、尾羽寺地蔵院を開いて隠棲の地とした。

地蔵院は、宇都宮家累代の菩提所

宇都宮家の墓所

となったが、元久元年（1204）、朝綱が死去して入ノ坪に埋葬されると、ここが「宇都宮家の墓所」となった。墓域は東西80m、南北40mの長方形を呈し、初代宗円から33代正綱までの墓碑があるが、現存する五輪塔20余基は、幾度かの倒壊によって元の姿を留めているものは少ない。しかし、この墓域は今でも御廟と呼ばれ、精強を誇った宇都宮一族の墓所として、少しもその価値は失われていない。

なお、初代宗円から22代国綱までは宇都宮城主であったが、慶長2年（1597）、宇都宮氏は滅亡しているので、23代義綱から33代正綱までは、水戸家の客分の墓である。

⑬
伝芳賀氏の墓石
真岡市京泉字鹿島戸

飯貝の大内中央小学校方面から国道121号（宇都宮益子線）を0.9kmほど東進し、五行川に架かる「花の木橋」のすぐ手前に、「芳賀氏の墓」の案内標示があるのでここを右折して、狭い道を約0.9km南下すると、大塚氏宅に隣接して「伝芳

賀氏の墓石」(県指定)がある。

　墓域にある7基の墓石は、扁平な自然石を台石とし、その上に基礎石、その上に笠石を二層に積み、さらにその上に五輪塔の空・風輪部を載せた花崗岩製のものである。墓石は倒壊、復元などによって、必ずしも原形を保っているとはいえないが、芳賀高澄以下累代の墓と伝えられ、梵字、造立年などは陰刻されていないものの、鎌倉時代から室町時代初期のものと推定されている。

　芳賀氏は益子氏とともに「紀清

伝芳賀氏の墓石

両党」と呼ばれ、宇都宮氏の重臣として鎌倉・南北朝時代に活躍した有力な軍事集団であった。

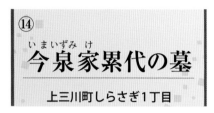

⑭
今泉家累代の墓
上三川町しらさぎ1丁目

　上三川町役場前から0.3kmほど東へ進み、「しらさぎ1」信号を左折して約0.3km北進すると、右側に白鷺神社がある。神社の手前を右折して進むと長泉寺(曹洞宗)がある。当寺は永正元年(1504)、当地領主の今泉盛朝の開基という。

　上三川市街の中心部に上三川城跡がある。建長元年(1249)、宇都宮5代当主頼綱の次男頼業は、嘉禎3年(1237)、横田郷兵庫塚(現・宇都宮市兵庫塚町)に横田城を築き、

横田氏を名乗ったが、宇都宮氏の南方への勢力伸張にともない、建長元年（1249）、上三川城を築いて初代城主となった。以後、慶長2年（1597）廃城になるまでの約350年近く、宇都宮氏の南方防衛の重要な拠点となった。この間、上三川城主は横田氏の時代と今泉氏の時代に分けられる。

　横田氏の時代は、頼業の築城から7代師綱まで、今泉氏の時代は永享年間（1429〜41）に横田師綱の子で今泉郷（現・宇都宮市）に居を構えていた元朝が入部して今泉姓を名乗って8代城主となり、以後14代高光の慶長2年（1597）までである。

今泉家累代の墓

　「横田家累代の墓」（町指定）は善応寺（臨済宗・上三川町）にあるが、ここでは長泉寺境内の墓地にある「今泉家累代の墓」（町史跡）のみを略記しておきたい。

　今泉氏の墓碑は、現存する宝篋印塔6基である。大型の1基以外の5基はすべて総高1m強の小型な室町時代のもので、いわゆる関東型の宝篋印塔である。

　ここでは途轍もなく大きい1基について記したい。総高約2.1mで、下から基礎・基礎・塔身・笠・相輪の5部からなるが、相輪部が特徴的な構造で、宝珠の下の請花が大きく、その代わり九輪は3輪と少なく、請花・伏鉢が独特な形状を呈している。さらに通常の宝篋印塔は相輪の下に露盤があるが、この塔には露盤がない。また笠の四隅にある隅飾突起が外方に反り返えり、全体的に細長い安定感のない墓石となっている。江戸時代初期にはこれまでの小型の宝篋印塔が大型化するので、この1基は江戸時代初期ころの造塔と思われる。

⑮
多功家累代の墓

上三川町多功

　JR石橋駅東口を出て、すぐ宇都宮線（東北本線）路に沿って0.3kmほど南進すると、県道146号（結城石橋線）に突きあたる。ここを左折して0.8kmほど東進すると、右側（南側）に見性寺（曹洞宗）がある。

　道を挟んだ北側に、宇都宮頼綱の四男宗朝が築いた多功城跡がある。宇都宮城の支城として宝治2年（1248）に築城してから慶長2年（1597）までの約350年間、多功氏の居城であった。寺伝によると、宗朝（多功氏の祖）は築城すると、伽藍の建立と寺領の寄進を行い、多功氏の菩提寺にしたと伝え、宝徳3年（1451）にこれまでの建昌寺（浄土

宗）を見性寺に改称したという。

　境内の一画に「多功城主多功家累代の墓」（町指定）がある。墓域には15基の五輪塔がある。しかし、多功城主は何代続いたのか、多功氏の系図などでは確認されていない。系図について『下野国誌』（嘉永3＝1850年刊）と多功氏の旧臣石崎家に伝わる系図に大きな違いがあるからである。ここでは参考までに、『下野国誌』記載のものを記しておきたい。

①宗朝—②家朝—③朝継—④朝経—⑤景宗—⑥宗秀—⑦宗冬—⑧満朝—⑨長朝—⑩房朝—⑪秀朝—⑫綱継—⑬綱朝

　系図には問題点はあるが、墓域内の五輪塔の造立時期は、確かに中世の鎌倉時代〜室町時代の特徴をよく示している。地輪の基礎は方形に近

多功家累代の墓

244

く、水輪は球形をとるがやや押しつ
ぶされて安定感をみせ、火輪の軒（のき）は
厚く、軒端の四隅の線は摩耗してい
るが垂直に切られている。近世（江
戸時代）の五輪塔とは全く形状を異
にしている。

⑯ 小山氏累代の墓所
小山市本郷 町（ほんごうちょう）

　小山市役所方面から国道4号を
0.8kmほど北上すると、左側（西側）
に天翁院（てんのういん）（曹洞宗）がある。
　寺伝によると、小山氏初代の政（まさ）
光（みつ）が久寿（きゅうじゅ）2年（1155）、現在の中久喜（なかくき）
地内に祇園（ぎ おん）山万年寺（さんまんねんじ）を創建し、そ
の後の寺歴は不詳だが、文明（ぶんめい）4年
（1472）、小山城主小山高朝（たかとも）が現在地
に移し、大中寺（だいちゅうじ）（現・栃木市大平（おおひら）

小山氏累代の墓所

町西山田（まちにしやまだ））2世培芝（ばい し）正（しょう）悦（えつ）を招いて中
興開山したという。以降、小山氏の
菩提寺になったと伝えている。
　寺域は祇園城（小山城）の北端に
位置している。寺域の墓地内に、五
輪塔6基・宝篋印塔1基からなる「小
山氏累代の墓所」とされる一角があ
る。藤原秀郷（ひでさと）の後裔、中世下野国最
大の武士団（豪族）として、源頼朝
に従って活躍した小山氏の墓所とし
ては、まことにお粗末な墓所であり、
果たして「小山氏累代の墓所」であ
るのか否か、疑問は募るばかりであ
る。そればかりか遺存する宝篋印塔
の基礎の上に五輪塔を載せたものが
ある（小山氏の墓所に限ったことで
はないが）。小山氏の墓所について
は、種々検討すべきものがあるので、
残念だがここではこれで閉じたい。

⑰
皆川家歴代祖廟
栃木市皆川城内町

栃木市街方面から県道75号（栃木佐野線）を西進し、皆川中学校付近で右折し、少し北進して左折し西へ進むと、金剛寺（曹洞宗）に着く。ここから北東前方に、法螺貝に似た山城の皆川城跡が見える。

この城跡の南東麓白山台には居館跡がある。ここは13世紀前半に皆川氏を称した長沼宗員の居館で、皆川氏発祥の地とされる。皆川氏はその後断絶し、永享の乱（1438年）前後ころ、長沼秀宗の子氏秀によって皆川城が築かれたといわれているが、金剛寺は、長沼（皆川）秀宗の開基であるところから、皆川城の築城は氏秀ではなく、秀宗ではないかとす

る説がある。

金剛寺境内の墓地に「皆川家歴代祖廟」（市指定）がある。この名称は一般の方には何となく取っ付き難いので、「皆川家歴代（累代）の墓」とすべきであったろう。

ともあれ皆川氏は、長沼五代・奥州長沼五代を経て、秀宗の時に当地に移り、その子氏秀が皆川姓を名乗ったので、皆川家の墓域内には、初祖秀宗、初代氏秀、2代宗成、3代成勝、4代俊宗、廣勝（廣照の兄、伊予皆川氏の祖）、5代廣照、6代隆庸以下、15代庸明までの墓碑が建っ

皆川家歴代祖廟

皆川城跡の全景

ている。これによれば、初代と2代は五輪塔、5代、6代、8代秀隆（ひでたか）は宝篋印塔、7代成郷（しげさと）は板碑型墓碑、ほかは笠付角柱型（かくちゅうがた）墓碑である。五輪塔と宝篋印塔はかなり立派なものである。

⑱ 井伊家墓碑（いいけ）

佐野市堀米町（ほりごめちょう）

県道141号（例幣使街道）と県道16号（佐野田沼線）が交差する「堀米町」から、0.6kmほど北西進して右折し、0.3kmほど北へ進むと天応寺（てんのうじ）（曹洞宗）がある。

寺伝によると、天応（てんおう）（「てんのう」とも）元年（781）、光仁天皇の勅願によって建立されたといい、その後衰退したが、正嘉（しょうか）元年（1257）、佐

野基綱（もとつな）が堂宇を修復し、源翁和尚（げんのう）を中興開山に迎えたという。その後の寺歴は不詳の部分が多いが、慶長（けいちょう）19年（1614）、佐野家の所領が没収されて以来、三度の変遷を経た寛永（かんえい）10年（1633）、佐野地方が彦根藩領（ひこね）になると、藩主井伊直孝（なおたか）の領地となり、幕末の直憲（なおのり）まで、15代235年間、その支配を受け、天応寺は井伊家の菩提所となった。

境内の高台墓地に「井伊家墓碑」（市指定）がある。墓碑は右より直孝（総高160cm、塔身90cm）、その子直澄（なおずみ）（総高155cm、塔身90cm）、左端に直弼（なおすけ）（総高225cm、塔身95cm）と3基並んでいる。右の2基は石灰岩の自然石であるが、直弼の墓碑は笠（かさ）に唐破風（からはふ）を載せた小松石（こまついし）の優品で、いずれも遺髪を納めたといわれている（『佐野市の文化財』、佐野市教委刊）。

井伊家墓碑

⑲

佐野氏歴代の墓所

佐野市栃本町(旧田沼町)

東武佐野線田沼駅前から0.4km
ほど北上すると、国道293号に突き
当たり、目の前に佐野市民病院があ
る。ここから国道をわずかに進んで
左折し、0.5kmほど西進すれば本
光寺(曹洞宗)に至る。ここは佐野
市民病院の北方近くである。

寺伝によれば、本光寺は明応9年
(1500)、唐沢山城主佐野盛綱が武蔵
国忍城主成田長泰と戦ったさい、長
泰の和睦の使者として龍淵寺(曹洞
宗。熊谷市)の僧大朝宗賀が遣さ
れ、対面した盛綱はその人格に感銘
して和睦し、文亀2年(1502)、宗賀
を招聘して唐沢山城の北東部にあた
る青柳山麓に開創したという。

当寺は佐野家の菩提寺として、
また多くの家臣から篤く信仰され
てきたが、その後、佐野家の没落
後、二、三の変遷を経て、寛永19年
(1642)に現在地へ移った。これに
ともなって佐野氏の墓碑も現在地へ
移った。

境内の広大な墓地北東部近くの周
囲を見下ろす一段高い箇所に、「佐
野氏歴代の墓所」がある。墓所は9
基の宝篋印塔からなるが、銘文の
明らかなものは3基に過ぎない。はっ
きりしているのは正面に向かって右
から2番目の泰綱、3番目の天徳寺
法衍(房綱)と、左から3番目の昌綱
である。天徳寺法衍は、佐野昌綱・
宗綱二代にわたって当主を補佐し、
後に還俗して房綱と名乗った。

なお、中央の八面体石柱も墓標
で、これには最後の城主であった信
吉、その子で後に旗本に取り立て
られた久綱、以下義行まで8人の法

佐野氏歴代の墓所

佐野氏歴代の
墓所

名・没年月日が刻まれている。

⑳
長尾氏歴代墓所
足利市 西宮町

長尾氏歴代墓所

県道40号(足利公園通り)の「織姫神社前」信号から0.25kmほど西進すると、左側に厳島神社のある信号のところを左折し、ここから道なりにおよそ0.5kmほど進むと、織姫公園の西麓にいかにも禅寺にふさわしい古刹 長 林寺(曹洞宗)がある。

長林寺は文安5年(1448)の創建で、寺伝によると、勧農(岩井山)城主長尾景人が越前国(現・福井県)龍興寺二世の住持大見禅龍を招いて、勧農城付近(足利市岩井町)に開山して長雲寺と称したが、のちに龍沢寺と改称し、景人の子景長の

とき、大見禅龍の門弟傑伝を二世として現在地へ移し、長林寺と称したという。

文正元年(1466)、長尾氏の祖景人が足利荘の代官として入部すると、ここに以降、定景、景長、憲長、政長、顕長の六代にわたる140年余、足利長尾氏の治政が始まり、長林寺は長尾氏の菩提所となった。

長林寺境内奥の墓地に、「長尾氏歴代墓所」(市指定)がある。墓塔は二段に配され、上段に五輪塔5基・宝篋印塔3基、下段に宝篋印塔11基が並んでいる。この墓碑群には実景(養子)、以下足利長尾氏の景人・定景・景長・憲長・顕長の墓碑がある。なお、境内墓地には幕末・明治時代の画家田崎草雲や郷土史家丸山瓦全の墓もある。

江戸吉原遊廓の名妓「高尾太夫」

妙雲寺（臨済宗。那須塩原市下塩原）境内の墓地に、「転誉妙身信女」（高尾太夫。1641〜59）の供養碑を囲んだ墓域がある。

高尾は江戸浅草の春慶院四方寺（浄土宗）に葬られているが、才色兼備の江戸吉原遊廓きっての名妓であったので、諸説が飛び交って定かでないところが多い。

『塩原町誌』（昭和55年刊）と妙雲寺の供養碑説明板などによると、おおよそ次のようである。

高尾は、寛永18年（1641）塩原元湯で、父勘解由、母ハルの長女として生まれ、幼名をアキといった。5歳のとき、父は一家を連れて下塩原の塩釜へ移ったが、7歳のとき、出稼ぎの父が仔細あって消息を絶ったので、母は塩釜の長助と再婚した。

アキ13歳のとき、妙雲寺の住職と明賀屋主人の世話で、江戸浜の遊廓「三浦屋四郎左衛門」の養女として引き取られた。

明暦3年（1657）1月の「振袖火事」（江戸大火）で三浦屋は全焼し、遊廓は再建のため浅草吉原に移った。そのとき、アキ17歳。美しい娘に育ったアキは、養育の恩返しをしようと、養父母の反対を押し切って、「三浦屋の花魁」として2代目「高尾」を襲名し、たちまち江戸一の名妓として評判になった。しかし、それも束の間、肺疾患のため離籍し、浅草山谷の三浦屋別荘で療養したが、万治2年（1659）12月5日、19歳の若さで病死し、春慶院四方寺に埋葬された。

なお、「高尾太夫」の太夫とは、江戸吉原などの官許の遊廓で、最高位の遊女の称のことである。

謎に包まれたところが多いが、薄幸な短い生涯を閉じた名妓アキを思い出しながら、供養碑を訪ねてみてはいかがだろうか。

名妓高尾太夫の供養碑

① 法蔵寺境内の
石造物
日光市大桑町（旧今市市）

日光市大桑町日向向（旧今市市）の法蔵寺（浄土宗）については、「庚申塔」の項で触れたので省略したい。

広い境内の墓地には、数多くの石造物が存し、じっくり見て歩くと、半日はかかりそうである。それほど多くの石仏、塔婆、石碑などが其処彼処に群在、散在している。ここで幾つかの石造物を取り上げてみたい（「庚申塔」は省く）。

①は珍しい「双体道祖神」である。造立年代は不明で比較的新しいと思われるが、自然石の中央を丸く抉って龕とし、その中に男神の左手と女神の右手が取りあい、男神の右手は女神の肩にかけ、心持ち微笑んでい

る顔は、何とも清楚で愛くるしいので、敢えてここで取り上げた。

②この「童子像」は逸品である。童子の左右に、「所志精忌　清蓮童子」と陰刻しているので、子どもの供養のために造立された、像高30cm弱の「地蔵菩薩」と思われるが、一般的に見られる堅苦しい地蔵菩薩とはいたく違って、すごく可愛い、何の飾り気もない素朴な姿から、恐らく農作業に忙しい両親が素直に育てた子を、看病もできずに早世させてしまったことを思っての造像であろう。まるまるとした浮彫にした体躯と、大きな優しい両手を合掌した地蔵菩薩は、夢幻の世界に誘ってくれる優れたものである。

③欠損した「重制石幢」の龕部である。別項で触れたように、重制石幢は上から宝珠（「ほうしゅ」とも）・請花・笠・龕部・中台・竿（幢身）・基礎よりなっているものだが、これは六地蔵を浮彫にした龕部のみが遺っているものである。龕部の上に載っている阿弥陀如来坐像は、石幢とは全く関係のないもので、他から持ってきて載せたものである。また、六角形の中台に龕部を嵌め込んでいるが、龕部の大きさから重制石幢の中台にはやや大きすぎて似合わない

ので、ひょっとすると石燈籠の中台を再利用した後補のものであるかも知れない。それにしても龕部に浮彫した六地蔵は、なかなか立派な優品

①双体道祖神

③重制石幢龕部上の阿弥陀如来坐像

②童子地蔵菩薩

④三尊浮彫石仏

253

である。

④は三尊の石仏。安山岩製のため

⑤-ⅰ阿弥陀如来立像浮彫の墓標

⑤-ⅱ五輪塔半浮彫の墓標

風化摩耗しているが、舟形に近い一石（いっせき）に浮彫した三尊の石仏が珍しいので、ここに取り上げてみた。上が地蔵菩薩、下の左が如意輪観音、右が阿弥陀如来であろう。

⑤は唐破風付（からはふつき）の角柱型墓標（かくちゅうがたぼひょう）二例。⑤-ⅰの墓標は、やや緩やかに流れる唐破風付の角柱型で、塔身の上半部に美しい阿弥陀如来立像を浮彫している。阿弥陀如来は、西方にある極楽浄土の主で、浄土教の隆盛にともない、諸仏の中では最も多くの信仰を集めた。

⑥-ⅰ左側は如意輪観音像、右側は味気ない双体道祖神

⑥-ⅱ法蔵寺歴代住持の単制無縫塔

本寺（法蔵寺）が浄土宗であるた
めか、立派な阿弥陀如来立像を浮

⑦-ⅰ 法蔵寺の石燈籠

⑦-ⅱ 優美な雪見石燈籠

彫、半浮彫にした墓標が多くみら
れる。この墓標の塔身下半部に「逆
修」と陰刻して、施主と戒名を刻ん
でいるので、生前にあらかじめ死後
の冥福を祈って仏事を繰り上げて
行ったものであることがわかる。造
立年不詳だが、江戸時代後半のもの
であろう。

　⑤-ⅱの墓標は、唐破風がかなり
湾曲し、塔身上半部に五輪塔を半浮
彫し、その下に南無阿弥陀佛と陰刻
している。造立年が刻まれているが、
摩滅してので判読できない。基礎部
に反花がはっきりと陽刻されている。

　⑥-ⅰの左側は、舟形光背に如
意輪観音像を浮彫にした結跏趺坐
像で、「園寂禅定尼、明和二年
（1765）五月造立年」の銘が刻まれて
いる。右側は面白味のない双体道祖
神。双体道祖神は雨露にさらされた
路傍、あるいは草むらに慎ましやか
にあるものと思っていたが、何と法
蔵寺の境内墓地にあって驚いた。こ
れまでに見た双体道祖神は、男女二
神が睦まじげに並んでいたり、手を
取り、肩に手をかけたりする、男女
相愛の情を表現したものであった
が、この男女二神は、何の味気もな
い並立したもので、左側の女神は合
掌し、右側の男神の持物は宝珠のよ

255

うにも思われるが何であろうか。それにしても優品にはほど遠い双体道祖神である。

⑥-ⅱは法蔵寺歴代住持の単制無縫塔で、一列に十数基並んでいて圧巻である。無縫塔の本体は卵形の塔身で、縫目がないという意味で名づけられたが、台座を簡単にし、塔身を長い形にして、全体の釣り合いをとっている。

⑦石燈籠二例。⑦-ⅰは山門近くにある石燈籠で、宝珠・請花、笠、火袋、中台がきちんと造られ、特に笠部の軒角上の蕨手ががっしりと造り出されている。竿は火袋・中台に合わせてやや六角形を呈した丸形である。基礎は六角形の台石の上に各面格狭間を浮彫にしている。

⑦-ⅱは優美な雪見石燈籠である。社寺には必ず石灯籠が造立されているが、江戸時代後半になると、茶人は特に石燈籠の形を好み、石工に色んな形を造らせ、庭園に置くようになった。こんな好みの流れが現代の住宅の庭に石燈籠を置く素地が培われたのであろうが、法蔵寺のこの雪見燈籠はすっきりとした、なかなか雅趣に富んだ風格のあるものである。残念ながら造立年は不詳である。

② 野口薬師堂境内の 石造物

日光市野口

今市方面から国道119号（日光街道）を北西進し、「十文字」バス停のところを右折すると、杉並木街道である。並木街道をおよそ0.7kmほど北へ進むと、右側に野口薬師堂がある。

先ず目をひくのは、境内入口左側の杉の木に寄り添って、大きな「石製釣鐘」が置かれていることである。伝承によると、明和5年（1768）、日光太郎山の月山大権現に銅製釣鐘を奉納し、併せて地元の山王権現には石製釣鐘を奉納しようとしたが、重みで竜頭が壊れてしまった。そのため石工たちは薬師堂の現在地に放置したままにしたという。土台石を除

いた総高1.1m、胴周りおよそ2.6mの大きさである。何とも珍しい石製釣鐘である。

また境内の薬師堂に向かって左側には、延享2年(1745)、明和7年(1770)、文化3年(1806)、文政3年(1820)、天保12年(1841)などの「十九夜供養塔群」がある。十九夜

珍しい石製釣鐘

十九夜供養塔群

供養塔(十九夜塔)は、月待ち信仰の講(信仰行事とそれを担う集団＝十九夜講)が造立したものである。ほとんど婦人のみの講(女人講)で、十九夜の月待講といわれ、婦人たちの念仏講でもあった。十九日の夜、当番の家あるいは寺院・お堂などに集まって如意輪観音の軸を掛け、その前で勤行が行われた。婦人たちの講であるところから、十九夜信仰には如意輪観音の徳をたたえ、安産・育児の祈願、婦人特有の病などを祈願するものもあった。

十九夜供養塔群の東側に、雨露か

男根を象った道祖神群

野口薬師堂

ら守るため屋根囲いした中に、男根を象った5基の「道祖神」と女陰形かと思われる石造物がある。女性講の十九夜の月待講と関わりをもって、ここに安置されたのであろうか。

③ 薬師堂境内の 石造物
宇都宮市徳次郎町

　宇都宮市街から国道119号（日光街道）を北進し、国道293号と交差する「徳次郎」信号の手前約0.2kmの左側に、「薬師堂」（宇都宮市徳次郎町中徳次郎）入口のちゃちな山門がある。山門から約0.1kmほど西へ進めば薬師堂である。

　壊れかけた薬師堂の前右側に、簡易な屋根で覆われて、左端に「石幢六地蔵」、中央に「十九夜塔」、右端に「馬頭観音」の3基の石造物が並んでいる。

　「石幢六地蔵」は、基礎の上に幢身、その上に笠、請花・宝珠を重ねたものであるが、請花・宝珠が欠けて右下に落ちている。これを笠の上に戻して修復すればいいのに、全く関係のない方形の露盤様のものを載せている。

　それにしても基礎の上部に反花座を造り出し、その上の六面幢身に六地蔵を浮彫し、その上に六角形の笠の軒角上に蕨手を造り出している。この石幢六地蔵は、幢身に享保16年（1731）に造立された銘が陰刻されているが、基礎、幢身、笠の石質

石幢六地蔵

の色がそれぞれ違うので、基礎と笠は後補のものと思われる。基礎から

笠までの高さ1.7mで、欠け落ちた請花・宝珠の高さ約0.4mを含める

十九夜塔

馬頭観音

切妻造りの石祠

左側の石祠内に安置の五輪塔

と、総高約2.1mの大きさである。

中央にある「十九夜塔」は、「文久三癸亥歳三月十九日」(1863)、「女人講中」の銘があり、正面の上部に如意輪観音が陽刻され、台座を含めた総高は1.85mの大きさである。

右端の道標を兼ねた「馬頭観音」には、「文化元歳甲子三月吉日」(1804)の銘が刻まれ、総高2.2mの大きさである。台石の上の基礎に一頭の馬が半浮彫され（写真省略）、その上に蓮華座、その上に三眼八臂、頭上の丁寧に丸彫した宝馬が馬頭観音を表徴している。駒形板石に浮彫した立像で、両側に翻るのは天衣（裳の上に両肩から左右に長く垂らす）である。

右側面に「右 山道 左 氏家・白沢道」と陰刻されているが、行先は全く違っている。それはこの馬頭観音が最初からここにあったのではなく、伝えによると、徳次郎城跡（徳次郎町）近くにあったものを、この薬師堂内に移したものというから、行先が違うのは当然である。

薬師堂の狭い境内に接した墓地には、さまざまな石造物が多数遺っている。その1つに「石祠」（家屋形の石造物）がある。石祠の中に、五輪塔を安置している。石祠は基壇、室部、屋根の3つの部分からなってい

丸みを帯びた方形屋根の石祠

上の石祠内に安置の五輪塔

る。ここで「室部」の中に五輪塔を
安置した二例を取り上げてみたい。

　1つ目の石祠は、室部の間口
0.65m、奥行き0.6m、高さ0.87m
の大きさで、屋根は切妻造りで高さ
0.35mである。室部内に2基の五輪
塔が安置され、向かって左側の五輪
塔は、角柱石を五輪塔形にしたもの
で、正面からみると宝珠、半円、三
角、円、方形の五輪の形をしている
高さ0.65mの板卒塔婆形の墓石で
ある。右側は完全な五輪塔で、高さ
0.6mの大きさである。

　これは夫婦の墓石と思われるが、
揃って逝ったとは考え難いので、生
前にあらかじめ死後の冥福を祈って
造立した、いわゆる逆修の墓石では
なかろうか。造立年不詳だが、恐ら
く江戸時代後期のものと思われる。

　2つ目の石祠は、方形の丸みを帯
びた屋根の頂に、宝珠を載せたもの
で、基壇から宝珠までの高さ1.12m
の大きさである。室部内に空輪・風
輪を欠いた五輪塔1基が安置されて
いる。残存の火輪・水輪・地輪の総
高0.43mで、造立年は不詳だが、1
例目と同じく江戸時代後期の墓石で
あろう。

④ 般若寺跡の　石塔群

芳賀町芳志戸

　県道64号（宇都宮向田線）を東進
し、上高根沢（高根沢町）と芳志戸
（芳賀町）を境にして南流する五行
川に架かる両郡橋を渡って、ここか
ら1.2kmほど進むと、「八ツ木」信
号（左角に「南高根沢簡易郵便局」）
がある。ここを右折して「市の堀用
水」に沿って0.4kmほど南下すると、
左側に「般若寺跡」の案内標示があ
る。ここを左折したすぐ先に駐車場
がある。

　「般若寺跡」（芳賀町芳志戸）は、
寺跡を含めて「石塔6基（附墓誌銘
板）」が県指定有形文化財になって
いる。伝承によると、般若寺は平安
時代に建てられた真言律宗の寺院

で、近世には本堂、庫裡、楼門など
が建立され、境内は荘厳を呈してい
たというが、明治35年（1902）に焼
失し、現在は石塔6基などが遺って
いるに過ぎない。

　6基の石塔とは、〈1〉徳川家治
（10代将軍）の五輪塔形供養塔（総
高4.24m）、〈2〉家治供養塔前の左
右に宝塔形供養塔2基（総高、左
1.47m・右1.45m）、〈3〉家治供養
塔の南方40m先にある田安宗武（8
代将軍吉宗の二男）の宝塔形供養塔
（総高3.13m）、〈4〉家治供養塔の東
側に五輪塔形供養塔2基（総高、左
2.3m・右1.6m）、のことである。

　上記に「五輪塔形」・「宝塔形」と
表記したのは、〈1〉家治供養塔は、
通常の五輪塔が空・風・火・水・地
輪からなるのに対し、方形の土壇上
に台石、その上の基壇を四段に積み
重ね、その上の基礎上に蓮華座を据
え、その上に五輪塔を載せている。
非常に大きな五輪塔形の納経塔（花
崗岩製）である。長く高い角柱形地
輪に「明和八（1788）戊申八月廿六
日」の銘が刻まれ、中に「銅製 経
筒」が納められている。

　〈4〉の供養塔2基は、〈1〉を簡素化
したもので、方形の台石の上に基
礎・蓮華座を据えて、ここに五輪塔

を載せている。〈3〉田安宗武の供養
塔（花崗岩製）は、通常の宝塔が基

〈1〉徳川家治の五輪塔形供養塔

〈3〉田安宗武の宝塔形供養塔

壇・基礎・塔身・笠・相輪からなる
のに対し、方形の基壇を三段に積み
重ね、その上の基礎上に蓮華座を据
えて、その上に宝塔を載せている。

〈2〉宝塔形供養塔

〈4〉五輪塔形供養塔

角柱の塔身に経巻を納めた経筒があるという。紀年銘などはない。

〈2〉の供養塔2基は、〈3〉の田安宗武供養塔をやや簡素化したものである。

このように般若寺跡の五輪塔・宝塔は、通常のものとは異なった形状を呈しているので、ここでは「五輪塔形」・「宝塔形」と表記した。

なお、般若寺跡すぐ西側の「市の堀用水」改修のさいに発見された「墓誌銘板」は、家治供養塔内に納められていたものと思われ、家治供養塔は、家治の遺言によって種姫（1765〜94。田安宗武の娘）が、養父（家治）菩提のために造立したものといわれ、田安宗武の供養塔も種姫の造

立とされ、ともに葵紋が刻まれている。

ちなみに江戸湯島の霊雲寺は、5代将軍綱吉の寄進になる真言律宗の寺で、田安家の祈願所であった。芳志戸の般若寺はその末寺で、般若寺には将軍家治が深く帰依していた僧恵乗が住していたので、伝承ではあるが、家治は病床にあって、余命幾許もないことを知ると、種姫に「国家安寧と余の菩提を弔うよう」遺命したので、種姫は自ら紺紙に金泥で「宝篋尊勝無量寿等之陀羅尼」数巻を書写し、官女らの写経なども合わせ、将軍の爪髪などを塔内に奉納し、菩提を弔ったと伝えられている。

あとがき

　拙著は、コロナ禍での密を回避して、令和2年（2020）11月から翌3年12月半ばまでのおよそ1年間、これまで県市町村史（誌）などを斜め読みして記憶に残った貧弱な知識を頼りに、「石造物」について専門的な知識を全く持たない素人（私）が、県内に散在する「石造物」を好き勝手に見て学びながら綴った一本であるから、民俗学研究者などから冷笑される内容である。

　本来、コロナ禍でなければ、「石造物」にご造詣の深い研究者にご教示いただいたり、探訪先の方々に種々お訊ねして助言を仰ぐべきであるが、人との接触・会話などを極力避けて、飛び飛びに歩き回ったので、『とちぎの石造物』と題したものの、地域的な偏りがあることをご容赦いただきたい。

　さらに言い訳になるが、短期間に雑に県内各地を急いで歩いた理由は2つある。ひとつは取りあえず「車運転免許」の有効期限が令和4年11月であること、ふたつは卒寿を目前にしているので、じっくり丁寧に時間をかけて調べ歩く余裕のない歳になっているからである。

　それにしても往時、考古学的な遺跡探訪のさい、何気なく路傍や社寺域付近で見受けた野仏が、大分姿を消していることに驚いた。いつの間にか道路の拡幅、改修工事などによって立派な道路・農道が整備されたが、そのさい野仏をどこかへ移したのか、それとも無造作に石塊と同じように邪魔にして処理してしまったのであろうか。また、不届きな心ない野仏アマチュアによって持ち去られたものも随分あることを耳にする。私は野仏に手を合わせることはないが、何とも嘆かわしく思われてならない。

　この半世紀の間に、「野仏」は風化摩耗して陰刻した造像年代が不鮮明化し、さらに苔が一面に生して像容が絵にならないので、拙著名を『とちぎの石造物』と題したものの、「野仏」と称される石仏の大半を省き、簡素な屋根に覆われた大きな地蔵尊や道祖神、層塔・宝塔・五輪塔・宝篋印塔・石幢・庚申塔などの碑塔類、あるいは石造鳥居・石燈籠・狛犬・手水舎など、多種多様なものを取り上げ、諸家の「墓所・墓碑」も収録してみた。

　特に平成4年（1992）、新湯温泉神社の「石幢」観賞以来、六地蔵を浮

彫にした「石幢」に興味をいだき、目に留まったものはできるだけ収録したが、何とも理解に苦しむ珍しい六地蔵浮彫にも遭遇した。

一方、本県民俗学研究の創始者（故）尾島利雄さんの助言を得て、昭和47年（1972）以来、「双体道祖神」に興味をもち、遺跡探訪の道すがら訪ねた地を、今回改めてカメラに収めようと足を運んだが、苔生して絵にならないので、大半収録を断念した。

ともあれ、一介の考古学徒であるので、古くから遺跡・遺物を探し求め歩いたクセ（癖）が身についているので、感じたことを勝手に解釈したメモを整理して、一本にしたものであるから、忌憚のないご批正をいただければ幸甚である。

拙著を編むに当たっては、上野修一氏（なす風土記の丘湯津上資料館長）、山口耕一氏（下野市教育委員会文化財課長）のお手を煩わし、企画・編集に種々ご助言いただいた随想舎取締役社長卯木伸男氏、特に同編集部の下田太郎氏には、細部にわたってのご助言、ご教示をいただき衷心からお礼申し上げたい。

令和4年10月吉日

塙　静夫

参考文献

◉石造物関係

青木義脩・松原誠司『神社建築』　山川出版社　平成13年

青木忠雄『石仏と石塔』　山川出版社　平成13年

大澤伸啓・大澤慶子「大谷磨崖仏と山寺」(季刊『考古学』第156号所収)　雄山閣　令和3年

川勝政太郎『石造美術入門』　社会思想社　昭和44年

北口英雄「大谷・佐貫の磨崖仏」(『栃木美術探訪』所収)　下野新聞社　平成13年

日下部朝一郎『石佛入門』　国書刊行会　昭和47年

庚申懇話会編『日本石仏事典』　雄山閣　昭和50年

佐藤行哉遺稿『下野の板碑』　真岡市公民館　昭和46年

佐藤宗太郎『石仏の美 Ⅰ』　木耳社　昭和42年

佐藤宗太郎『石仏の美 Ⅱ』　木耳社　昭和43年

佐藤宗太郎『石仏の美 Ⅲ』　木耳社　昭和44年

大護八郎・小林徳太郎『庚申塔』　木耳社　昭和47年

坪田五雄編『石仏紀行』　暁教育図書KK　昭和55年

栃木県教育委員会編『下野の野仏(緊急碑塔類調査報告)』　栃木県教育委員会　昭和48年

長嶋元重『那須のゆりがね』　氏家ロータリークラブ　昭和51年

長嶋元重『東の山道』　氏家ロータリークラブ　昭和62年

成島行雄『とちぎの野仏』　花神社　昭和52年

西岡秀雄『日本性神史』　髙橋書店　昭和42年

芳賀町史報告書『芳賀町の野仏』　芳賀町史編さん委員会　平成17年

塙静夫『坂東十九番 大谷観音』　天開山大谷寺　昭和59年

原三正『性神風景』　秋田書店　昭和44年

水尾比呂志・細井良雄・佐藤宗太郎『日本の石仏』　鹿島研究所出版会　昭和45年

鷲塚泰光編『日本の美術(石仏)』　至文堂　昭和53年

◉自治体史

足利市史編さん委員会編『近代 足利市史(第1巻)』　足利市　昭和52年

足利市史編さん委員会編『近代 足利市史(第3巻)』　足利市　昭和54年

粟野町誌編さん委員会編『粟野の民俗』　粟野町　昭和57年

今市市史編さん委員会編『今市のむらの歩み(別編Ⅱ)』　今市市　平成4年

氏家町史作成委員会編『氏家町史』上巻　氏家町　昭和58年

氏家町史作成委員会編『氏家町史(民俗編)』　氏家町　平成元年

氏家町史作成委員会編『氏家の社寺と信仰』　氏家町　平成6年

宇都宮市史編さん委員会編『宇都宮市史（第3巻）』　宇都宮市　昭和56年

大田原市史編集委員会編『大田原市史（前編）』　大田原市　昭和50年

小川町誌編集委員会『小川町誌』　小川町　昭和43年

小山市史編さん委員会編『小山市史（通史編 Ⅰ）』　小山市　昭和59年

鹿沼市史編さん委員会編『かぬまの歴史（普及版）』　鹿沼市　平成19年

上河内村史編さん委員会編『上河内村史（上巻）』　上河内村　昭和61年

上三川町史編さん委員会編『上三川町史（通史編 上）』　上三川町　昭和56年

烏山町史編集委員会編『烏山町史』　烏山町　昭和53年

黒磯市誌編さん委員会編『黒磯市誌』　黒磯市　昭和50年

黒羽町誌編さん委員会編『黒羽町誌』　黒羽町　昭和57年

国分寺町史編さん委員会編『図説 国分寺の歴史』　国分寺町　平成12年

国分寺町史編さん委員会編『国分寺町史（民俗編）』　国分寺町　平成13年

国分寺町史編さん委員会『国分寺町史（通史編）』　国分寺町　平成15年

佐野市史編さん委員会編『佐野市史（通史編 上巻）』　佐野市　昭和53年

塩原町誌編纂委員会編『塩原町誌』　塩原町教育委員会　昭和55年

高根沢町史編さん委員会編『高根沢町史（民俗編）』　高根沢町　平成15年

田沼町史編さん委員会編『田沼町史（第3巻）』　田沼町　昭和59年

那須町誌編さん委員会編『那須町誌（前編）』　那須町　昭和51年

西方町史編さん委員会編『西方町史』　西方町　平成23年

二宮町史編さん委員会編『図説 にのみやの歴史』　二宮町　平成21年

野木町史編さん委員会編『野木町史（歴史編）』　野木町　平成元年

芳賀町史編さん委員会編『芳賀町史（通史編 近世）』　芳賀町　平成15年

馬頭町史編さん委員会編『馬頭町史』　馬頭町　平成2年

藤原町史編さん委員会編『藤原町史（通史編）』　藤原町　昭和58年

益子町史編さん委員会編『益子町史（第6巻）』　益子町　平成3年

南那須町史編さん委員会編『南那須町史（通史編）』　南那須町　平成12年

壬生町史編さん委員会編『壬生町史（資料編 近世・付録）』　壬生町　昭和61年

壬生町史編さん委員会編『壬生町史（資料編 原始古代・中世）』　壬生町　昭和62年

矢板市史編集委員会『矢板市史』　矢板市　昭和56年

湯津上村誌編さん委員会『湯津上村誌』　湯津上村　昭和54年

◉郷土史・文化財関係

雨宮義人（代表）編『益子の文化財』　下野新聞社　昭和45年

磯　忍『那須野』　下野新聞社　平成21年

奥州街道歴史探訪編『奥州街道』　無明舎出版　平成14年

大高利一郎『日光街道をあるく』　創英社　平成21年

大嶽浩良「烏山和紙―〝御用紙〟として発展する」(『人づくり風土記』所収)　農文協　平成元年

小川町文化財専門調査委員会編『小川町文化財要覧』　小川町教育委員会　昭和48年

小山市立博物館編『市制40周年記念 ふるさと小山市の指定文化財』　小山市立博物館　平成6年

柏村祐司ほか『栃木民俗探訪』　下野新聞社　平成15年

鹿沼市教育委員会生涯学習課編『鹿沼市の文化財』　鹿沼市教育委員会　平成7年

上三川町教育委員会編『かみのかわ歴史百話』　上三川町教育委員会　平成12年

河内郡教育会編『河内郡誌』　河内郡役所　大正6年

河野守弘著・佐藤行哉校訂『校訂増補 下野国誌』　下野新聞社　昭和43年

日下部高明・菊地卓『新訂 足利浪漫紀行』　随想舎　平成18年

桑野正光『栃木の峠』　随想舎　平成22年

佐藤行哉校訂『下野風土記(全)』　栃木県郷土文化研究会　昭和33年

佐藤権司『会津西街道の歴史を歩く』　随想舎　平成22年

佐野市文化財要覧編集委員会『佐野市の文化財』　佐野市教育委員会　平成3年

塩原の里物語編集委員会編『塩原の里物語』　塩原町文化協会　平成10年

下野新聞社編『(写真集)栃木県の文化財』　昭和61年

栃木県教育委員会文化財課編『栃木県国・県指定等文化財目録』　平成14年

栃木県教育委員会文化財課編『栃木県市町村指定等文化財目録』　平成14年

栃木県文化協会編『栃木の街道』　月刊さつき研究社　昭和53年

栃木県文化協会編『栃木の水路』　月刊さつき研究社　昭和54年

栃木県文化協会編『とちぎの文化財(上巻・下巻)』　栃木県文化協会　昭和57年

那須塩原市教育委員会編『那須塩原市の文化財』　平成24年

日光街道ルネッサンス21推進委員会編『栃木の日光街道』　下野新聞社　平成15年

日光ふるさとボランティア編『もうひとつの日光を歩く』　随想舎　平成8年

沼尾正彦『日光・社寺と史跡』　金園社　昭和51年

芳賀郡市文化財委員長連絡協議会編『芳賀の文化財(第4集)』　昭和47年

芳賀町生涯学習課編『増補改訂版　ふるさとこぼれ話』　芳賀町　平成16年

蓮実長『那須郡誌』　下野新聞社　昭和45年

馬頭町郷土誌編集委員会編『馬頭町郷土誌』　馬頭町　昭和38年

馬頭町文化財調査委員会編『馬頭町の文化財(第二集 民俗)』　馬頭町　昭和48年

藤原町広報委員会編『藤原町の民話と旧跡』　藤原町　昭和56年

藤原町文化財保護審議会編『藤原町の文化財』　藤原町教育委員会　平成4年

ふるさと茂木ウォッチング編集委員会編『ふるさと茂木ウォッチング』　平成14年

山口安良『押原推移録』(文政13年刊)　鹿沼市誌料刊行会　昭和51年

柳田芳男『かぬま郷土史散歩』　晃南印刷KK　平成3年

［著者紹介］
塙 静夫［はなわ しずお］
昭和7年（1932）11月 栃木県芳賀町生まれ。
宇都宮大学学芸学部文科（史学専攻）卒業。
作新学院高等部（英進部）部長・作新学院大学女子短期大学部講師・
栃木県考古学会会長・栃木県文化財保護審議会委員・栃木県立博物館
専門委員会委員・栃木県自然環境保全審議会委員・（財）とちぎ生涯学
習文化財団理事・宇都宮市文化財保護審議委員会委員長など歴任。現
在、栃木県考古学会顧問ほか

［主要著書］
『栃木県の考古学』（共著、吉川弘文館／1972）、『栃木県の歴史』（共
著、山川出版社／1974）、『下野国の古代文化』（第一法規／1981）、
『とちぎの地名』（落合書店／1989）、『うつのみやの歴史再発見』（随想
舎／1994）、『とちぎの地名を探る』（随想舎／1996）、『古代下野への
誘い』（下野新聞社／2002）、『うつのみや歴史探訪』（随想舎／2008）、
『［増補版］とちぎの古城を歩く』（下野新聞社／2015）、『うつのみやの
地名と歴史散歩』（下野新聞社／2015）ほか

とちぎの石造物

2022年11月6日　第1刷発行

著　者 ● 塙　静夫

発　行 ● 有限会社 随 想 舎
　　　　　〒 320-0033　栃木県宇都宮市本町10-3 TSビル
　　　　　TEL 028-616-6605　FAX 028-616-6607
　　　　　振替　00360-0-36984
　　　　　URL http://www.zuisousha.co.jp/

印　刷 ● モリモト印刷株式会社

装丁・地図制作 ● 栄舞工房
定価はカバーに表示してあります／乱丁・落丁はお取りかえいたします
© Hanawa Shizuo 2022 Printed in Japan ISBN978-4-88748-406-1